DAVID YONGGI CHO

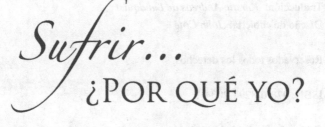

Sufrir...
¿POR QUÉ YO?

La misión de Editorial Vida es proporcionar los recursos necesarios a fin de alcanzar a las personas para Jesucristo y ayudarlas a crecer en su fe.

SUFRIR ¿Por qué yo?
Edición en español publicada por
Editorial Vida – 1995
©1995 Editorial Vida
Miami, Florida

Publicado en ingles con el título
Suffering...Why Me?
Por *Bridge Publishing Inc*.

©1986 por *David Yonggi Cho*
Traducción: *Kerstin Andreas de Lundquist*
Diseño de cubierta: *John Coté*

ISBN: 978-0-8297-2034-1

Categoría: Teología / Sanidad

Índice

DEDICATORIA

*A los muchos fieles seguidores de Cristo
que sufren y que todavía buscan
en las Sagradas Escrituras una respuesta
que les indique el camino a su sanidad.*

Prefacio

El sufrimiento es un problema universal del cual no escapa ninguna persona; le llega a todos en cualquier esfera de la vida.

En *Sufrir . . . ¿Por qué yo?*, el doctor David Yonggi Cho escribe con un corazón lleno de compasión que ha probado profundo sufrimiento, el cual lo llevó a buscar respuestas en las Sagradas Escrituras hasta hallarlas. Pero viendo el peso del hombre que escribió este libro, hallamos más aspectos del sufrimiento que puedan relacionarse con usted.

Cuando Dios busca a un hombre para alistarlo, prepararlo y ponerlo en un lugar especial para una tarea específica, comenzará a trabajar en aspectos de su vida que por lo general otros no consideran. Dios tiene que probarlo en cada aspecto. No sólo físico, sino también emocional, mental y económico, hasta que haya llegado a conocer a Dios como su única Fuente y hasta que su vida haya sido templada por el sufrimiento. Cuando soporta hasta este punto, *entonces* es escogido para ser un vaso especial, y Dios lo respaldará con todos los recursos celestiales.

Para el doctor Cho las pruebas llegaron temprano a su vida. Conociendo todo el lapso de su vida, desde el principio hasta el fin, Dios vio la disposición del doctor Cho para soportar las dificultades de un país despedazado por la guerra durante los severos y horribles años de la ocupación japonesa, hasta llegar a los buenos años. Dios se dispuso a prepararlo como otro siervo de la cruz.

Durante su niñez Yonggi Cho no era fuerte físicamente. Como sus amigos, admiraba a los fuertes, y tenía muchas preguntas y sueños, y un profundo deseo de aprender. ¡Y a veces tenía miedo de la oscuridad!

Fue lesionado internamente por su maestro de escuela japonés durante los años de la ocupación, cuando el profesor, lleno de ira, se paró sobre su estómago y su pecho. Después de eso, David Yonggi Cho sufrió muchos años de problemas que no se podían definir con facilidad. En este libro nos relata su larga lucha con la enfermedad. En otros libros ha relatado el trauma emocional de haber sido expulsado del hogar al dejar el budismo por su nueva fe en Jesucristo.

Cuando comenzó la sanidad de su cuerpo, David Yonggi Cho se matriculó en un humilde instituto bíblico de las Asambleas de Dios en Seúl, casi sin tener nada que poner en su mochila, pero con un nuevo gozo en Jesucristo, quien había llegado a ser muy real para él. Al cabo de varios años, su creciente comunión con el Señor y sus ataques de enfermedad pusieron en perspectiva las prioridades en su vida. En una habitación vacía, dormía en el piso, comía en el piso, estudiaba en el piso, y soñaba con ver tornadas en realidad su peticiones de oración. Como no contaba con medios económicos se vio obligado a confiar en Dios para su pobre existencia. Dios suplió cada necesidad, tal como lo había prometido, y David Yonggi Cho aprendió a atreverse a esperar más de Dios.

Algunas de las pruebas más duras cubrían un período de tiempo más prolongado que otras, y a veces pasaba por dos o tres pruebas al mismo tiempo, o se presentaban una tras otra. Había muy corto intervalo entre cada prueba.

En cierto sentido esos fueron días muy oscuros; pero Dios estaba preparando a una hombre para una tarea muy especial. Había personas en diferentes partes del mundo que oraban por él, aunque no lo conocían personalmente. Yo era una de esas personas.

A diario, David Yonggi Cho escudriñaba las Sagradas Escrituras, vez tras vez, débil y adolorido, para hallar la respuesta al enigma de la enfermedad y el dolor. A veces durante horas, sus oraciones se mezclaban con lágrimas cuando tras las puertas de esa humilde habitación buscaba a Dios. Allí comenzó la historia, la hechura de un gigante en el reino de Dios, a medida que el doctor Cho aprendía la sumisión y la obediencia mediante los sufrimientos que padeció.

Durante las pruebas físicas, el doctor Cho le pedía a Dios que lo hiciera una bendición para su pueblo y su país. Dios nunca se olvidó de esa petición. A veces usted y yo también oramos de esa manera. A veces hasta nos olvidamos que hemos pedido eso cuando el Espíritu Santo empieza a llevarnos por su escuela de preparación. Olvidamos que le hemos pedido a Dios que haga lo necesario en nuestra vida para que podamos ser de bendición, y no nos damos cuenta de que las pruebas personales son el resultado de nuestras oraciones.

En los años siguientes, el Señor comenzó a abrirle la puerta al doctor Cho para que predicara en los

Estados Unidos y también en otros países. Los ancianos de la iglesia, los diáconos y las diaconisas oraban por cada viaje y cada culto, y Dios fue fiel en hacer su obra por medio del doctor Cho en una forma extraordinaria.

Durante esos años, una enfermedad tras otra poco a poco fue sanada, y en la actualidad el doctor Cho goza de muy buena salud. ¡Dios ha mostrado que es fiel a los que se atreven a confiar plenamente en Él!

Pero las luchas nunca terminan. Ahora que él sabe que Dios es el Dios de lo que el hombre llama imposible, el Espíritu Santo le insta a confiar en Dios aún más, ya que a medida que aumenta su capacidad de confiar y creer en Dios, así también crecen sus sueños.

En este libro, el doctor Cho presenta algunas de las verdades que el Espíritu Santo le ha revelado acerca de la enfermedad, el dolor y la sanidad en el Antiguo y el Nuevo Testamento.

Usted y yo muchas veces hablamos de confiar en Dios. Sin embargo, nos olvidamos que Dios está en busca de personas a quienes confiarles pruebas, dolor, incomprensión, soledad, y todo lo que hay que soportar al caminar cerca de Dios; personas que saldrán del horno de la prueba todavía confiando en Dios, para que Él pueda manifestar su gloria y su poder sin que esa persona se apropie de la gloria que Dios debe recibir mediante su vida. Dios halló a tal persona en el doctor Cho. Por eso es que Dios pudo escogerlo para que sea su mensajero especial a muchas naciones del mundo en nuestra generación.

Lydia Swain
Secretaria de David Yonggi Cho

Introducción

Este libro sobre la sanidad se basa en mi confesión personal. Durante varios años experimenté una prueba muy larga y dura. Padecí enfermedades dolorosas que no puedo ni describir, incluso un caso muy crítico de tuberculosis, un colapso nervioso, problemas al corazón y un grave problema al estómago que requirió de una operación complicada. Muchas veces pasé por el valle de la muerte.

Cada vez que tuve que guardar cama, escudriñé la Palabra de Dios con la firme determinación de conquistar, por la gracia de Dios, esas enfermedades, no sólo para llevar una vida normal saludable sino para que pudiera llegar a ser una persona dedicada a Dios en servicio del pueblo y la comunidad.

No le pedí a Dios el don de sanidad, pero con una gran sed busqué la sanidad de Dios para mi propia supervivencia. Hallé a Dios en Jesús y recibí de Él la sanidad y una vida abundante. Fui tan bendecido por la sanidad que me dio el Señor que tuve un sentimiento muy fuerte de que ahora era mi responsabilidad enseñar y guiar a otros hermanos enfermos en el camino de la sanidad y las bendiciones de Dios. Nadie puede comprender mejor la prueba severa del sufrimiento físico que los que han experimentado tal desesperación y sufrimiento. Por eso, aun con mis limitaciones, me atrevo a presentar esta tremenda verdad.

Desde lo profundo de mi corazón, espero que mis hermanos y hermanas que padecen en el lecho de la enfermedad puedan hallar al mismo Jesús que yo hallé: el Jesús que llevó en su cuerpo nuestra enfermedad. Espero que se arrodillen ante sus pies y reciban la eterna salvación y también la sanidad, para que Dios pueda ser glorificado mediante su sanidad, porque esa es la voluntad de Dios para todos.

David Yonggi Cho

Primera parte

La sanidad divina
en el
Antiguo Testamento

1
La sanidad divina en el Antiguo Testamento

Cuando Dios creó al hombre, no había tal cosa como la muerte. Pero en el hermoso huerto del Edén, Dios le dio a Adán una solemne advertencia de que si violaba cierto mandamiento, indudablemente moriría.

> Y mandó Jehová Dios al hombre, diciendo: De todo árbol del huerto podrás comer; mas del árbol de la ciencia del bien y del mal no comerás; porque el día que de él comieres, ciertamente morirás.
>
> GÉNESIS 2:16-17

Como el hombre se compone de cuerpo y espíritu, es lógico decir que su muerte fue tanto espiritual como física. Seducida y maniobrada por el engaño de la serpiente (el diablo), Eva comió del fruto prohibido. Luego le dio también a su esposo Adán; y él también comió, desobedeciendo así el mandato específico que Dios les había dado. Como resultado, cayó sobre ellos el juicio de la muerte: *Con el sudor de tu rostro comerás el pan hasta que vuelvas a la*

tierra, porque de ella fuiste tomado; pues polvo eres,
y al polvo volverás (Génesis 3:19). Esa sentencia de
muerte fue el principio de la tragedia humana.

Debido a la violación del mandato de Dios, Adán
y Eva de inmediato murieron espiritualmente. Fue
rota su comunión con Dios. En este contexto "la
muerte" significa separación de Dios, separación de
la fuente de toda vida. La separación de Dios significa
el principio de la corrupción del ser humano.

A Dios le preocupaba tanto el destino del hombre
que echó fuera a Adán y a Eva del huerto del Edén.
Dios sabía que si comían del árbol de la vida, su
cuerpo viviría para siempre sin que su espíritu pudie-
se jamás ser restaurado a la vida. *Y dijo Jehová Dios:*
He aquí el hombre es como uno de nosotros, sabiendo
el bien y el mal; ahora, pues, que no alargue su mano,
y tome también del árbol de la vida, y coma, y viva
para siempre (Génesis 3:22). Así entró en efecto la
ley del pecado y de la muerte, y desde entonces el
hombre ha estado sujeto al poder de la muerte. Ese
poder comenzó a obrar en toda vida humana, y la
muerte física comenzó a dominar a todo el mundo.

Ya que la muerte espiritual y física del hombre
fue un resultado de su pecado, la restauración de la
vida espiritual y física es mediante la redención del
hombre del pecado. La muerte física que domina a
los seres humanos fue precedida por la muerte espiritual. En el libro de Job, esto está muy bien descrito:
La enfermedad roerá su piel, y a sus miembros devo-
rará el primogénito de la muerte (Job 18:13). El
primogénito de la muerte significa que primero viene
la muerte del espíritu, y que esa muerte del espíritu

abre el camino para la enfermedad que devora al cuerpo humano.

Después de la muerte del espíritu de Adán, su carne comenzó a sucumbir, devorada lentamente por el *primogénito de la muerte* (la muerte de su espíritu), lo cual resultó en el proceso del envejecimiento y la muerte.

Al principio, Dios hizo tan completo al cuerpo humano que a veces demoraba mil años para que el poder de la muerte física pudiera vencerlo. En la actualidad, en nuestro mundo moderno, donde es grandísima la iniquidad del hombre, en menos de cien años el poder de la muerte se apodera del cuerpo. Esto indica que ahora el hombre está terriblemente atado por el pecado y la iniquidad. Nuestro espíritu — la parte de nosotros que es vivificada ante Dios, ante su comunión, paz y esperanza, y que desea conocerlo y tener comunión con Él — murió debido al pecado.

La muerte de nuestro espíritu es seguida por la muerte del cuerpo. Cuando el hombre se desvía del camino, muy pronto pierde la esperanza. En su corazón sabe que algo le hace falta. Si no se da cuenta de que su problema es de carácter espiritual y se torna a su Hacedor para recibir la paz que sólo Dios puede dar y la restauración de la comunión con el Creador, seguirá vagando y será presa de plagas y enfermedades.

Ya que el poder de la muerte tiene una estrecha relación con nuestro espíritu, *debemos* buscar la sanidad de las enfermedades del cuerpo no sólo mediante la medicina sino también tratando con nuestras necesidades espirituales, porque la muerte de nuestro espíritu llegó mediante el pecado. Por eso Santiago escribió: *Confesaos vuestras ofensas unos a otros, y orad unos por otros, para que seáis sanados. La oración eficaz del justo puede mucho* (Santiago 5:16). Podemos concluir que el perdón de los pecados y la sanidad de nuestras enfermedades fueron incluidos en la gracia redentora de nuestro Señor Jesucristo.

Tal vez alguien pregunte: "¿Por qué es que morimos físicamente aun cuando hemos recibido el perdón de nuestros pecados?" Sí, morimos aun cuando hemos sido perdonados de nuestros pecados. Se nos da como regalo el perdón de nuestros pecados. Después de esa experiencia de regeneración, procedemos poco a poco hacia la santidad, hasta que el Señor Jesucristo vuelva del cielo y nuestro espíritu y nuestro cuerpo sean completos en Él; y hasta que el cuerpo humano reciba el cuerpo glorificado de la resurrección. La Biblia dice: *Y el postrer enemigo que será destruido es la muerte* (1 Corintios 15:26).

Si recibimos la regeneración como fruto de primicia del Espíritu Santo, mediante la gracia redentora de Cristo Jesús, ¿no es lógico que nuestro cuerpo también reciba buena salud como el fruto de primicia de la resurrección? Ya que la muerte espiritual y la muerte física son un resultado del pecado, la única solución al problema de la muerte se halla en la gracia redentora de Jesucristo, que quitó el pecado del mundo.

Debemos recordar que la sanidad divina está cimentada en la salvación de Jesucristo. Con la caída, el espíritu del hombre al instante fue separado de Dios y sujetado a la muerte; así la muerte física comenzó su constante operación en el ser humano. De igual manera, cuando recibimos a Jesucristo como nuestro Salvador y Señor, nuestro espíritu es vivificado e instantáneamente es librado del pecado y de su poder. Nuestro espíritu de inmediato es desatado del reino de la muerte espiritual y penetra en la libertad de la vida de Dios, y nuestra comunión con Dios es restaurada. Poco a poco el cuerpo del hombre es librado del poder de la muerte. Sin embargo, como la decadencia física ha infligido pérdidas en el hombre con el paso de los años cuando no vivía en comunión con Dios, es lógico que la sanidad física no suceda inmediatamente, a no ser que el Señor provea un milagro instantáneo de sanidad y restauración.

El apóstol Pablo escribió: *Y si el Espíritu de aquel que levantó de los muertos a Jesús mora en vosotros, el que levantó de los muertos a Cristo Jesús vivificará también vuestros cuerpos mortales por su Espíritu que mora en vosotros* (Romanos 8:11). La frase "vivificará también vuestros cuerpos mortales por su Espíritu que mora en vosotros" en este versículo no se refiere a la resurrección del cuerpo. Si se refiriera a la resurrección del cuerpo, tal vez diría: "También dará vida a vuestros cuerpos que están muertos." En este versículo la frase *vivificará también vuestros cuerpos mortales* significa la sanidad divina. Eso quiere decir expulsar de nuestra vida la enfermedad del cuerpo que es el principio de la muerte física, para que *la vida de Jesús se manifieste en nuestra carne mortal* (2 Corintios 4:11).

Hasta el momento en que Jesucristo vuelva del cielo, nuestro cuerpo mortal sufrirá bajo el enemigo que es la muerte. Después que nuestro cuerpo físico experimente la muerte, esperará el gran momento de la resurrección de la tumba; pero la manifestación de la vida de Jesucristo en nuestro cuerpo mortal es mediante el Espíritu Santo que recibimos al ser regenerados. La presencia del Espíritu de Dios expulsa de nuestro cuerpo la enfermedad, el primer fruto de la muerte. ¡Como cristianos podemos pasar nuestra vida terrenal libres de la enfermedad!

Si el Señor nos llama a su presencia antes de su retorno, dormiremos para esperar su llegada en gloria. Si el Señor Jesús llega antes que durmamos, nuestro cuerpo mortal será transformado al instante en un cuerpo inmortal. La salvación de nuestra carne comienza cuando nos negamos a aceptar el primer fruto de la muerte física: la enfermedad. La salvación de nuestra carne será completa cuando el Señor regrese y nos dé cuerpos resucitados. Entonces, nuestro último enemigo, la muerte, será totalmente destruido.

2

Yahveh-Rafah: Jehová tu sanador

omo aprendimos en el capítulo anterior, la enfermedad es el resultado del pecado. No es un don del amor de Dios. Es un castigo, no un premio. Cuando los israelitas se arrepintieron de sus pecados, obedecieron a Dios y cumplieron sus leyes. Aunque vivían bajo la *esclavitud de corrupción* (Romanos 8:21) debido a su naturaleza pecaminosa, recibieron la gracia de Dios. Dios sanó sus enfermedades y quitó las dolencias de en medio de ellos.

La verdadera voluntad de Dios para la humanidad no tiene que ver con el dolor sino con la sanidad de la enfermedad. Moisés sacó a más de dos millones de israelitas de Egipto, donde habían estado bajo esclavitud y pecado, y los llevó al desierto de Sur. En aquel tiempo, Dios le dio a Moisés palabras de promesa:

> *Si oyeres atentamente la voz de Jehová tu Dios, e hicieres lo recto delante de sus ojos, y dieres oído a sus mandamientos, y guardares todos sus estatutos, ninguna enfermedad de*

las que envié a los egipcios te enviaré a ti;
porque yo soy Jehová tu sanador.

ÉXODO 15:26

De no haber sido por esas palabras de promesa, los israelitas pudieran haber sido afligidos por varias dolencias y enfermedades en el desierto, donde no había servicios sanitarios ni casas comfortables, y muy poca variedad de ropa y comida. Si Dios no los hubiera sanado, muchos de ellos hubieran padecido de enfermedades y hubieran muerto en el desierto. Sin embargo, los israelitas creyeron en las palabras de promesa de Dios, lo obedecieron, y fueron sanados de sus enfermedades.

Entre los israelitas no se hallaban personas débiles o enfermas, porque Dios estaba con ellos y era su Divino Sanador. El salmista alaba al Señor por la sanidad de esta manera: *Los sacó con plata y oro; y no hubo en sus tribus enfermo* (Salmo 105:37).

Los israelitas que fueron liberados de la esclavitud de Egipto son un buen ejemplo de los creyentes liberados de la vida de pecado. El cruce del mar Rojo es un hermoso paralelo de la regeneración de los creyentes, y la vida en el desierto simboliza que los creyentes somos peregrinos y extranjeros en la tierra hasta que lleguemos al cielo, nuestra Canaán celestial.

Los creyentes aun ahora tienen *tanto mejor ministerio*, porque el Señor *es mediador de un mejor pacto, establecido sobre mejores promesas* (Hebreos 8:6). No seguimos a Moisés, sino a Jesús que es *fiador de un mejor pacto* (Hebreos 7:22). Nuestro Pastor de vida, Jesucristo, nos ofrece la sanidad tanto espiritual como física en nuestro peregrinaje por el desierto.

Así como Dios, por medio de Moisés, les dio a los israelitas la promesa de la sanidad divina, Jesús les dio a sus discípulos la palabra de sanidad antes de su ascensión al cielo. Esta es la promesa de sanidad divina que recibimos mediante la fe, junto con la salvación de nuestra alma:

> *Y estas señales seguirán a los que creen: En mi nombre echarán fuera demonios; hablarán nuevas lenguas; tomarán en las manos serpientes, y si bebieren cosa mortífera, no les hará daño; sobre los enfermos pondrán sus manos, y sanarán.*
>
> MARCOS 16:17-18

Después, el Espíritu Santo confirmó este poder de sanidad mediante la carta que escribió Santiago:

> *¿Está alguno enfermo entre vosotros? Llame a los ancianos de la iglesia, y oren por él, ungiéndole con aceite en el nombre del Señor. Y la oración de fe salvará al enfermo, y el Señor lo levantará; y si hubiere cometido pecados, le serán perdonados. Confesaos vuestras ofensas unos a otros, y orad unos por otros, para que seáis sanados. La oración eficaz del justo puede mucho.*
>
> SANTIAGO 5:14-16

Tanto en el Antiguo como en el Nuevo Testamento, la actitud de Dios es la misma. Su voluntad para el hombre no es provocar la enfermedad sino dar la sanidad. ¡No desea nuestra muerte sino la vida! Su nombre es *Jehova-ropheka: Jehová tu sanador* (Éxodo 15:26). Tenemos que alabarlo por su gran poder y gracia. En Éxodo 23:25-26, Dios dijo:

> Mas a Jehová vuestro Dios serviréis, y él bendecirá tu pan y tus aguas; y yo quitaré toda enfermedad de en medio de ti. No habrá mujer que aborte, ni estéril en tu tierra; y yo completaré el número de tus días.

Dios no deseaba que los israelitas padecieran de enfermedades ni que murieran antes que se cumpliera el número de sus días. ¿Cuánto más válido será esto para nosotros que vivimos en la dispensación de la gracia? Desde el principio, la voluntad de Dios para el hombre y la mujer era bendecirlos de tal manera que no gustasen la muerte. Aun cuando estamos sentenciados a muerte debido a nuestra naturaleza pecaminosa, Dios quiere que le obedezcamos y seamos sanados de nuestras enfermedades. Un día, cuando sea cumplida a totalidad la voluntad de Dios para el hombre, *enjugará Dios toda lágrima de los ojos de ellos; y ya no habrá muerte, ni habrá más llanto, ni clamor, ni dolor; porque las primeras cosas pasaron* (Apocalipsis 21:4).

Hágase esta pregunta: ¿Es la voluntad de Dios que yo sea sanado de mi enfermedad y viva según sus mandamientos? Sin lugar a duda, la respuesta es: Por cierto es la voluntad de Dios. ¿Por qué, entonces, ponemos en tela de juicio esta verdad? ¿Por qué se nos hace muy difícil creer?

Es necesario que en primer lugar nos arrepintamos de nuestro pasado, en el cual vivíamos bajo la maldición, rebelándonos contra Dios al hacer nuestra propia voluntad. Luego tenemos que acercarnos confiadamente al trono de la gracia y pedir nuestra sanidad en el nombre de Jesucristo. La Biblia dice:

> *Y esta es la confianza que tenemos en él,*
> *que si pedimos alguna cosa conforme a su*
> *voluntad, él nos oye. Y si sabemos que él nos*
> *oye en cualquiera cosa que pidamos, sabemos*
> *que tenemos las peticiones que le hayamos*
> *hecho.*

1 JUAN 5:14-15

Aunque nuestros ojos físicos no vean ninguna prueba, ni sientan nada nuestros sentidos, según la Palabra de Dios y según su voluntad, somos sanados de nuestras enfermedades. De modo que levantémonos por la fe de cualquier enfermedad, sabiendo que se ha iniciado la sanidad según nuestras necesidades individuales. ¡Crea la Palabra de Dios! Alabe el nombre de Jesucristo el Altísimo, nuestro Sanador, que es superior a cualquier enfermedad o dolencia humana.

3

La enfermedad
es del diablo

Cuando la enfermedad desgarra y destroza nuestro cuerpo, tenemos la tendencia a enfocar nuestra atención en la enfermedad en sí, y hacer todos los esfuerzos posibles para curar ese mal. Pero la Biblia revela la raíz misma de la enfermedad.

¿Dé dónde recibe su fuerza la enfermedad? ¿Cuál es la raíz de las dolencias? El apóstol Pablo dijo: *Porque la paga del pecado es muerte, mas la dádiva de Dios es vida eterna en Cristo Jesús Señor nuestro* (Romanos 6:23). Ese pasaje nos enseña que la raíz invisible de la enfermedad y las dolencias es el pecado. *La paga del pecado es muerte.* Mediante el pecado, *el imperio de la muerte, esto es, el diablo* (Hebreos 2:14), sin cesar provee de vida y fuerza a la enfermedad para agotar la vida con toda clase de dolor y sufrimientos. El diablo constantemente trata de *hurtar y matar y destruir* (Juan 10:10) a los seres humanos haciendo uso de su herramienta: el pecado.

La cura de la enfermedad, por lo tanto, tiene que ser hallada no sólo en la cura del cuerpo sino también en la cura del espíritu. Nuestro cuerpo goza de movimiento gracias al espíritu que mora en él. Una vez que este espíritu abandona el cuerpo, éste ya no puede vivir. No importa cuán robusto sea el cuerpo, si no tiene espíritu, ese cuerpo deja de funcionar y comienza la descomposición.

Cuando Jesús vino a Galilea, Jairo el principal de la sinagoga, se postró ante sus pies y le rogó que fuera a su casa porque su única hija estaba muriendo. Cuando Jesús llegó, todos estaban llorando, y había gran muestra de tristeza porque la niña ya había muerto. Pero Jesús entró en la casa, tomó la mano de la niña, y le dijo: *Muchacha, levántate.* Entonces su espíritu volvió, y ella se levantó de inmediato (Lucas 8:54-55). Es así que el espíritu toma control de la vida del cuerpo. Por eso el rey Salomón dijo: *El ánimo del hombre soportará su enfermedad; mas ¿quién soportará al ánimo angustiado?* (Proverbios 18:14). También dijo: *El corazón alegre constituye buen remedio; mas el espíritu triste seca los huesos* (Proverbios 17:22).

Sí, el espíritu del hombre controla la vida del cuerpo, y el cuerpo se moviliza siempre que el espíritu esté vivo. Si el espíritu del hombre está bajo el control de la muerte debido al pecado, ¿no sería natural que el diablo, que tiene el poder de la muerte, a todo gusto causara que el cuerpo humano sea hecho pedazos? Un cuerpo humano verdaderamente sano y vigoroso es un cuerpo cuyo espíritu ha sido vivificado por la salvación, que ha sido librado del poder de la muerte y está lleno de la vida de lo alto.

Ahora, enfoquemos nuestra atención en el asunto de la enfermedad. La enfermedad en sí está viva. Se mueve, extiende sus límites, vence la vida del cuerpo y, finalmente, lo destruye. Es algo con lo cual no nació el hombre cuando entró en esta vida. La plaga visible recibe su fuerza y es alimentada por el invisible, el malo, el diablo, que tiene el poder de la muerte. El diablo es quien le extiende una mano de ayuda a todo lo destructivo. Así como el cuerpo sin alma está muerto, así la enfermedad sin la maldad está muerta. La enfermedad recibe su vida del diablo; cuando el espíritu del diablo abandona la enfermedad, la enfermedad se desintegra. Por eso la Biblia dice: *Cómo Dios ungió con el Espíritu Santo y con poder a Jesús de Nazaret, y cómo éste anduvo haciendo bienes y sanando a todos los oprimidos por el diablo, porque Dios estaba con él* (Hechos 10:38).

La provisión de vida del diablo respaldaba todas las enfermedades que Jesús sanó. De modo que cuando Jesús echó fuera el espíritu del diablo, fue cortada la fuerza de la enfermedad. El cuerpo, maltratado y herido por la enfermedad, comenzó a recibir la provisión de salud de Jesús y fue sanado completamente.

Algunas personas tal vez pregunten: Las enfermedades son causadas por los gérmenes, ¿no es así? ¿Cómo, entonces, podemos decir que la enfermedad es del espíritu del diablo? Aquí le doy un ejemplo: Nació la vida de un hombre o de una mujer cuando la simiente de vida de sus padres se unieron. ¿Y de dónde viene la simiente de vida? Viene de Dios mismo. Cuando Dios quita la vida, todo cuerpo humano de inmediato queda sujeto a la descomposición. Quien continuamente provee de vida destructiva a todo tipo de gérmenes, que son la simiente de la enfermedad, es nada menos que el diablo. La función primaria de la enfermedad es la destrucción del cuerpo. La enfermedad es ocasionada por el pecado. Y el diablo, que es la encarnación del pecado, toma control del poder de la muerte.

Cuando una persona busca la sanidad de una enfermedad física, debe confesar sus pecados. El pecado es la principal arma del diablo. Recuerde, la plaga visible recibe su fuerza y es alimentada por el malo invisible, el diablo, que tiene el poder de la muerte. Para que cualquier persona pueda ser librada de la enfermedad, tiene que confesar sus pecados y creer en Cristo. Entonces las fuerzas del diablo se apartan de él. Cuando ora en el nombre del Señor Jesucristo, el diablo huye de él y la vida del Señor Jesús comienza a operar en su cuerpo. Así como el cuerpo sin el espíritu está muerto, así también la enfermedad sin el espíritu del diablo está muerta. Cuando el diablo pierde el control, los gérmenes morirán de hambre y la enfermedad se desintegrará.

4

La enfermedad
es una maldición

Dios no abandonó a la humanidad; fue el hombre
que se rebeló contra Dios y lo dejó. Ya que
Dios es el Dios de justicia, fue necesario que
pronunciara un juicio debido al pecado. Pero Dios
también es un Dios de amor. Fue entristecido por los
pecados y las transgresiones del hombre y le dolió
tener que castigarlo. De modo que proveyó para el
hombre un camino de liberación.

La enfermedad, la muerte, la maldición y el
dolor son todos el resultado de la rebeldía del
hombre contra Dios, y porque entabló amistad con
el diablo. El hombre rechazó el llamado, la exhor-
tación y el amor de Dios y no respondió a Él. Así
que Dios le permitió seguir su camino como alguien
que había sido abandonado. La Biblia lo llama
*recibiendo en sí mismos la retribución debida
a su extravío* (Romanos 1:27). Esto está muy
bien explicado en el capítulo veintitrés de Deuteronomio. Debido a que el hombre se rebeló
contra Dios y no obedeció sus mandatos, recibió la

pena merecida. Uno de los castigos fue la terrible enfermedad.

El diablo siempre viene para matar, hurtar y destruir (véase Juan 10:10). Él es responsable por las maldiciones del pecado, incluso la enfermedad y la muerte.

Debido a su gracia y su misericordia, Dios le ofrece al mundo incrédulo la misma luz del sol y la misma lluvia que les da a los que le aman y le sirven. Si Dios no hubiera detenido la obra de Satanás, el mundo presente tal vez ya hubiera sido destruido por el maligno; pero Dios mostró su bondad y misericordia y nos dio la oportunidad de arrepentirnos y ser restaurados a la comunión con Él. Si no se nos hubiese ofrecido tal oportunidad, hace mucho tiempo todos ya hubiéramos sido destruidos por completo.

Veamos nuevamente la enfermedad, la cual, como ya hemos dicho, fue causada por las maldiciones y los castigos permitidos a sobrevenir al hombre cuando se rebeló contra Dios y no cumplió sus ordenanzas. Esos castigos son mencionados muy explícitamente en Deuteronomio:

> *Y Jehová enviará contra ti la maldición, quebranto y asombro en todo cuanto pusieres mano e hicieres, hasta que seas destruido, y perezcas pronto a causa de la maldad de tus obras por las cuales me habrás dejado. Jehová traerá sobre ti mortandad, hasta que te consuma de la tierra a la cual entras para tomar posesión de ella. Jehová te herirá de tisis, de fiebre, de inflamación y de ardor, con sequía,*

*con calamidad repentina y con añublo; y te
perseguirán hasta que perezcas.*

DEUTERONOMIO 28:20-22

*Jehová te herirá con la úlcera de Egipto,
con tumores, con sarna, y con comezón de que
no puedas ser curado. Jehová te herirá con
locura, ceguera y turbación de espíritu.*

DEUTERONOMIO 28:27-28

*Te herirá Jehová con maligna pústula en
las rodillas y en las piernas, desde la planta
de tu pie hasta tu coronilla, sin que puedas
ser curado.*

DEUTERONOMIO 28:35

*Y traerá sobre ti todos los males de Egipto,
delante de los cuales temiste, y no te dejarán.
Asimismo toda enfermedad y toda plaga que
no está escrita en el libro de esta ley, Jehová
la enviará sobre ti, hasta que seas destruido.*

DEUTERONOMIO 28:60-61

¡Qué declaración más formidable! ¡Qué terrible
maldición! Esta es la maldición de la ley que fue
pronunciada sobre los que se rebelaron contra Dios
llevando una vida según sus propias concupiscencias.
En la actualidad, tal fenómeno se lleva a cabo por
todo el mundo. Sin embargo, a pesar de eso, las
personas no se arrepienten. ¡Cuán detestable es la
dureza del corazón del hombre! Los hospitales están
repletos de personas enfermas, y cada día aumenta
el número de pacientes. Eso es prueba de que ni una
jota de la palabra de Dios escrita en la Biblia es falsa.

En el capítulo anterior señalamos que la enfermedad es del diablo; pero en este capítulo vemos que la enfermedad es una maldición permitida por Dios. ¡Qué contradictoria parece esta afirmación! Pero no es nada contradictoria. Es algo que se puede comprender fácilmente si se lee la Palabra de Dios de manera apropiada.

Concerniente al ministerio de sanidad de Cristo, dijo Pedro: *Cómo Dios ungió con el Espíritu Santo y con poder a Jesús de Nazaret, y cómo éste anduvo haciendo bienes y sanando a todos los oprimidos por el diablo, porque Dios estaba con él* (Hechos 10:38).

En este versículo podemos notar con toda claridad que la enfermedad también viene por la opresión del diablo; pero la raíz de la opresión es que las personas primero violaron la ley de Dios y se corrompieron. Dios las maldijo de tal modo que fueran oprimidas por el diablo mediante enfermedades. Dios entregó al hombre en manos del diablo a causa del pecado.

El libro de Job pone en claro lo siguiente: *Y Jehová dijo a Satanás: He aquí, él está en tu mano; mas guarda su vida* (Job 2:6). En el versículo que sigue, podemos notar los resultados: *Entonces salió Satanás de la presencia de Jehová, e hirió a Job con una sarna maligna desde la planta del pie hasta la coronilla de la cabeza* (Job 2:7).

La enfermedad vino como resultado del aguijón y la opresión del diablo. Los hombres y las mujeres fueron entregados en sus manos como consecuencia de su transgresión de la ley de Dios, porque, como escribió el apóstol Pablo a los romanos: *Por cuanto todos pecaron, y están destituidos de la gloria de Dios* (Romanos 3:23).

Hoy cada ser humano está bajo el poder del diablo. Todos están sujetos a los ataques de la enfermedad. La razón por la cual no podemos dominar la enfermedad únicamente mediante tratamientos médicos es porque aun cuando una enfermedad es tratada con éxito, el diablo nos trae otra enfermedad.

Entonces, ¿qué haremos? Es imposible ser completamente liberado de la enfermedad antes de ser liberado de la maldición de la ley, porque una de las maldiciones es la enfermedad. Pero la Biblia dice que somos *justificados gratuitamente por su gracia, mediante la redención que es en Cristo Jesús* (Romanos 3:24). Además, en Gálatas 3:13 dice: *Cristo nos redimió de la maldición de la ley, hecho por nosotros maldición (porque está escrito: Maldito todo el que es colgado en un madero).*

Mediante esos versículos, podemos comprender el gran amor de Dios hacia nosotros. Dios, de acuerdo con su justicia, permitió que la humanidad fuera entregada al poder del diablo debido a la violación del hombre de su ley. Como resultado, el hombre recibe el castigo del "aguijón" de la enfermedad. Dios es también un Dios de amor y, mediante su amor, preparó un camino de redención para el hombre del pecado y sus consecuencias: envió a su único Hijo al mundo en carne humana, y cargó sobre Jesús la maldición que había estado sobre nosotros. Jesús de buena gana recibió y pagó el castigo por los pecados y las desobediencias del mundo entero para que usted y yo pudiéramos ser liberados de la maldición de la enfermedad.

La enfermedad es sólo una manifestación de la maldición de la ley. Cualquiera que de todo corazón confiesa sus pecados y recibe el perdón mediante el poder del Señor Jesucristo recibirá la salvación, y, al recibir la salvación, naturalmente es puesto en libertad de la maldición de la enfermedad. Una persona que nace de nuevo también ha de ser librada de las cadenas de todas las futuras enfermedades, según es declarado en la Biblia: *El cual nos ha librado de la potestad de las tinieblas, y trasladado al reino de su amado Hijo* (Colosenses 1:13). Tenemos que creer eso.

En la actualidad muchos cristianos aceptan al Señor Jesucristo y reciben el perdón por sus pecados, pero siguen atados por la enfermedad. Eso es porque no comprenden del todo esta verdad y porque el diablo se aprovecha de su ignorancia. En otras palabras, están ilegalmente bajo la opresión del diablo.

Algunos se preguntan por qué Dios no sana a las personas inmediatamente después del nuevo nacimiento. Esa es sólo una excusa. La Biblia nos exhorta a nosotros a hacer el trabajo. La responsabilidad del creyente nacido de nuevo es traer sanidad para sí mismo al actuar según las indicaciones dadas en la Palabra. La Biblia dice: *Someteos, pues, a Dios; resistid al diablo, y huirá de vosotros* (Santiago 4:7). *Sed sobrios, y velad; porque vuestro adversario el diablo, como león rugiente, anda alrededor buscando a quien devorar; al cual resistid firmes en la fe, sabiendo que los mismos padecimientos se van cumpliendo en vuestros hermanos en todo el mundo* (1 Pedro 5:8-9). Dios quiere que usted sepa que puede resistir al diablo, y que el diablo huirá de usted, porque mediante su muerte en la cruz Jesús quebró el poder de Satanás sobre los redimidos. ¡Y Él respaldará su

Palabra para que obre cuando usted actúa de acuerdo a ella!

La Biblia manda que los creyentes en Cristo que son atacados por la enfermedad busquen primero la solución analizando sus problemas espirituales antes que corran a la farmacia para comprar medicinas. A veces una enfermedad puede ser el resultado de haber pecado contra nuestro hermano. En tal caso, la Biblia enseña: *Confesaos vuestras ofensas unos a otros, y orad unos por otros, para que seáis sanados. La oración eficaz del justo puede mucho* (Santiago 5:16). Cuando los creyentes nos enfermamos debemos recordar de dónde hemos caído, arrepentirnos y hacer las primeras obras (véase Apocalipsis 2:5). Tenemos que orar unos por otros y con determinación resistir al diablo. Entonces nuestra salud será restaurada y la enfermedad huirá de nosotros.

La peor de todas las enfermedades es la del espíritu. Al reconocer que Cristo compró con su sangre la sanidad para la persona completa, no debemos buscar únicamente ser sanados de nuestras enfermedades físicas. Tenemos que confesar una vez más nuestros pecados ante el Dios todopoderoso, quien controla el cielo y la tierra, y ser limpiados nuevamente por la preciosa sangre de Jesucristo. Al confesar cualquier pecado del espíritu, podemos ser librados de la maldición de la ley. Entonces podemos contar con verdadera salud, en todo el sentido de la palabra, libres de las ataduras de la enfermedad. ¡Qué maravilla es saber que podemos recibir la sanidad tanto del espíritu como del cuerpo!

5

La serpiente de bronce
y la cruz de Cristo

allamos promesas concernientes a la sanidad divina en el Antiguo Testamento tantas veces como en el Nuevo Testamento. Fue enseñado claramente en los diferentes tipos de Cristo en el Antiguo Testamento que la redención de Jesucristo incluiría la sanidad. Números 21:4-9 pone en claro que Cristo, mediante su crucifixión, redimiría a la humanidad de la enfermedad.

Después partieron del monte de Hor, camino del Mar Rojo, para rodear la tierra de Edom; y se desanimó el pueblo por el camino. Y habló el pueblo contra Dios y contra Moisés: ¿Por qué nos hiciste subir de Egipto para que muramos en este desierto? Pues no hay pan ni agua, y nuestra alma tiene fastidio de este pan tan liviano. Y Jehová envió entre el pueblo serpientes ardientes, que mordían al pueblo; y murió mucho pueblo de Israel. Entonces el pueblo vino a Moisés y dijo: Hemos pecado por haber hablado contra Jehová, y contra ti;

ruega a Jehová que quite de nosotros estas
serpientes. Y Moisés oró por el pueblo. Y
Jehová dijo a Moisés: Hazte una serpiente
ardiente, y ponla sobre un asta; y cualquiera
que fuere mordido y mirare a ella, vivirá. Y
Moisés hizo una serpiente de bronce, y la puso
sobre una asta; y cuando alguna serpiente
mordía a alguno, miraba a la serpiente de
bronce, y vivía.

El pueblo de Israel pecó contra Dios mediante sus quejas. Por eso recibieron su castigo merecido: las serpientes ardientes. Muchas personas entre el pueblo de Israel murieron al ser mordidas por las serpientes. Puede ser que había muchas de esas serpientes en esa región, pero que no atacaban a los israelitas porque Dios los protegía. Sin embargo, como resultado de su pecado, ya no gozaban de la protección de Dios, y el pueblo de Israel fue expuesto a las serpientes ardientes. Esas serpientes representan al diablo. Cuando el creyente ya no goza de la protección de Dios, el diablo siempre ataca como un león y trata de devorar a su presa.

Cuando el pueblo de Israel se arrepintió de su pecado y volvió a la protección de Dios, Él le ordenó a Moisés que hiciera una serpiente de bronce y que la pusiera sobre un asta (un estandarte). Cualquiera que fuera mordido sería sanado en el momento que mirara a la serpiente en el asta.

Esta es una hermosa figura de la derrota de Satanás. Es una historia que tiene un significado profético: el diablo, que constantemente había atormentado al pueblo con su poder de la muerte, podía, al fin, un día, ser condenado él mismo a la muerte. Esa serpiente de metal era un tipo de Cristo.

Cuando Nicodemo, un principal de los judíos, vino a Jesús de noche, Jesús le dijo: *Y como Moisés levantó la serpiente en el desierto, así es necesario que el Hijo del Hombre sea levantado* (Juan 3:14). Jesús habló de la serpiente de Moisés al explicar acerca de su muerte redentora en la cruz. Era, pues, la serpiente de Moisés una figura de la muerte de Jesucristo en la cruz. El que Moisés levantara en un estandarte la serpiente de bronce significaba la derrota de *la serpiente antigua, que se llama diablo y Satanás* (Apocalipsis 12:9). Jesús mismo anunció la derrota del diablo muchas veces durante su ministerio terrenal previo a su crucifixión:

> *Y les dijo: Yo veía a Satanás caer del cielo como un rayo. He aquí os doy potestad de hollar serpientes y escorpiones, y sobre toda fuerza del enemigo, y nada os dañará.*
>
> LUCAS 10:18-19

> *Ahora es el juicio de este mundo; ahora el príncipe de este mundo será echado fuera.*
>
> JUAN 12:31

> *Y estas señales seguirán a los que creen: En mi nombre echarán fuera demonios . . .*
>
> MARCOS 16:17

Además, en Colosenses 2:15 dice: *Y despojando a los principados y a las potestades, los exhibió públicamente, triunfando sobre ellos en la cruz.*

Los *principados y potestades* mencionados aquí se

refieren a *los gobernadores de las tinieblas de este siglo . . . huestes espirituales de maldad en las regiones celestes* de Efesios 6:12.

Así como las fuerzas de las serpientes ardientes que mordían al pueblo de Israel fueron destruidas cuando Moisés levantó la serpiente de bronce en una asta en el desierto, así las fuerzas del diablo fueron destruidas por la muerte redentora de nuestro Señor Jesucristo en la cruz.

¿Qué tiene que ver esto con la sanidad de nuestras enfermedades? La serpiente de Moisés es una figura, una sombra de algo por venir, o un tipo de la cruz de Cristo. Los israelitas, que fueron mordidos por las serpientes y que debían morir, fueron completamente sanados cuando miraron a la serpiente que fue levantada en un estandarte. De la misma manera, cuando los pecadores que han sido mordidos por la serpiente antigua, el diablo, miran por la fe la cruz de Jesucristo, experimentan la sanidad divina.

El pueblo de Israel que fue mordido por serpientes recuperó su salud cuando se arrepintió de sus pecados y miró a la serpiente de bronce. Sus pecados fueron perdonados y, al mismo tiempo, sus cuerpos, que habían sufrido por el dolor de la muerte, fueron curados milagrosamente.

Lo mismo le sucede a cada pecador que ha sido mordido por la serpiente antigua, Satanás, y ha sido condenado a muerte. Cuando un pecador — no importa cuánto ha sufrido por los ataques de Satanás — se arrepiente de sus pecados y, por la fe, mira la cruz de Cristo, es roto el poder del diablo sobre su vida. Se le otorga el perdón de sus pecados y es librado de su enfermedad. Recupera la buena salud y recibe vida nueva, lo cual lo lleva a alabar a Dios.

El difunto evangelista F. F. Bosworth, quien predicó el evangelio de la sanidad tanto en los Estados Unidos como en el Canadá, escribió en su libro sobre Jesús el Sanador:

> Si no hay sanidad en la muerte redentora de Jesucristo, ¿por qué se le ordenó al pueblo de Israel, mordido por serpientes ardientes, que mirara la serpiente de bronce en el asta, que era una figura de Cristo? El perdón de pecados y la sanidad le fue concedido al pueblo de Israel cuando miró la serpiente de bronce, una figura de la cruz de Cristo. ¿Cuánta más gracia y sanidad podemos recibir nosotros al mirar a Cristo en la cruz, el verdadero Salvador?

La maldición que cayó sobre el pueblo de Israel fue quitada al ser levantada la serpiente de metal. Así también Cristo *nos redimió de la maldición de la ley, hecho por nosotros maldición (porque está escrito: Maldito todo el que es colgado en un madero)* (Gálatas 3:13). Cuando Adán y Eva pecaron contra Dios, recibieron su justo castigo y fueron expulsados del huerto del Edén. Desde ese día, el ser humano ha vivido bajo el poder de la muerte y ha llevado una vida de servidumbre al pecado. Pero Dios nos dio esperanza: vendría un Salvador. Él destruiría el poder del diablo y libraría a toda la humanidad de sus cadenas. En Génesis 3:14-15 dice: *Y Jehová Dios dijo a la serpiente: Por cuanto esto hiciste, maldita serás entre todas las bestias y entre todos los animales del campo; sobre tu pecho andarás, y polvo comerás todos los días de tu vida. Y pondré enemistad entre ti y la mujer, y entre tu simiente y la simiente suya [Jesu-cristo]; ésta te herirá en la cabeza, y tú le herirás en el calcañar.*

Dios predijo la caída de Satanás en esos versículos. Fue profetizado que el diablo, que indujo a nuestros primeros padres a pecar, convirtiendo de ese modo a toda la humanidad en siervos del pecado, sería destruido de una vez por todas al ser herido en la cabeza.

Más adelante, cuando Moisés sacó al pueblo de Israel de la esclavitud de Egipto y lo llevó al desierto, nuevamente el pueblo fue inducido por el diablo a pecar. Los israelitas se quejaron contra Dios y contra Moisés. Debido a su pecado, les fueron enviadas las serpientes ardientes para que recibieran mordeduras mortales. Cuando el pueblo de Israel clamó pidiendo ayuda y confesó sus pecados, Dios escuchó su clamor y les hizo recordar a todos la completa derrota de Satanás, la serpiente antigua. Dios le ordenó a Moisés que levantara una serpiente de metal en un asta, para que cada israelita que hubiera sido mordido por una serpiente ardiente, al mirar a esa serpiente recibiera su sanidad. Muchos israelitas miraron la serpiente y fueron sanados del veneno de las serpientes ardientes.

Dios les permitió a las personas del Antiguo Testamento recibir la gracia del Señor mediante figuras o símbolos. La serpiente levantada en un asta era un tipo de Cristo. Aunque pecaron contra Dios y fueron mordidos por las serpientes ardientes, les fue otorgado el perdón de sus pecados. Recibieron la sanidad divina al confiar en el Salvador que todavía había de venir. Creyeron en su Salvador mediante símbolos y figuras.

Vivimos en el tiempo de la gracia, no en la época de los símbolos o las figuras. Tenemos con nosotros el evangelio de Jesucristo. Las bendiciones que gozamos ahora nunca pueden ser comparadas con las bendiciones de la época del Antiguo Testamento. Cristo, nuestro Salvador, nació hace dos mil años. Por medio de la virgen María, Dios se manifestó a sí mismo entre los hombres. Jesús nació y, así como Moisés levantó la serpiente en el desierto, Cristo fue colgado en la cruz a favor nuestro, borrando todos nuestros pecados y dándonos la libertad de la maldición del diablo. Hirió por completo la cabeza del diablo mediante su muerte, una vez por todas, en la cruz del Calvario. Hoy, cualquiera que crea en Jesucristo es librado del pecado, las enfermedades, la maldición, el diablo y la muerte.

En esta dispensación de la gracia, todo lo que tenemos que hacer es confiar en Jesucristo con corazón humilde. Tenemos que oponernos a las obras del diablo en nuestra vida en el nombre de Jesucristo. El diablo ha sido derrotado. El Espíritu Santo nos amonesta hoy, diciendo: *Resistid al diablo, y huirá de vosotros* (Santiago 4:7). En 1 Juan 5:18 nos dice así: *Sabemos que todo aquel que ha nacido de Dios, no practica el pecado, pues Aquel que fue engendrado por Dios le guarda, y el maligno no le toca. Por lo tanto, el que confía en el Señor tiene que estar firme en su fe y tener la valentía de destruir las obras del diablo* (1 Juan 3:8).

6
La sanidad divina en Isaías

saías fue un profeta de Dios que vivió en la tierra de Judá entre los años 750 y 695 a.C. El libro de Isaías se puede describir como el evangelio del Antiguo Testamento ya que contiene muchos detalles proféticos concernientes al Señor Jesucristo. El capítulo 53 es un muy buen ejemplo. Muy vívidamente describe la pasión de nuestro Señor Jesucristo en la cruz, como si Isaías hubiera estado presente en la crucifixión. También explica la muerte redentora del Señor Jesucristo.

¿Cuál es la enseñanza de Isaías 53 en cuanto a la sanidad divina? A fin de tener una comprensión clara del profundo significado de este capítulo, veamos primeramente dos palabras hebreas que usa Isaías. "Enfermedad" en la lengua hebrea es chli. En muchos lugares del Antiguo Testamento donde se hace referencia a la enfermedad, la palabra hebrea siempre es *chli*. Por ejemplo: Deuteronomio 7:15; 28:61; 1 Reyes 17:17; 2 Reyes 1:2; 8:8; y 2 Crónicas 16:12; 21:15. En la versión Reina Valera se ha traducido como "enfermedades" esta palabra (Isaías 53:4).

La siguiente palabra que merece nuestra atención es "sufrimiento" (dolor), que es una traducción de la palabra hebrea *makob*. En la versión Reina Valera en el pasaje de Isaías 53 ya mencionado esta palabra se traduce como "dolores". Esto nos dice que la palabra hebrea *makob* significa que es un dolor causado por la enfermedad. Con este conocimiento del idioma original, podemos comprender mejor el profundo significado de Isaías 53:4. La Biblia dice: *Ciertamente llevó él nuestras enfermedades, y sufrió nuestros dolores.* Esto nos enseña que Jesús, a favor nuestro, llevó sobre sí mismo todas nuestras enfermedades y sufrió todos los dolores causados por la enfermedad.

No debemos interpretar el significado de Isaías 53:4 de otra manera. El idioma original pone en claro que Cristo resolvió el problema de la enfermedad de una vez por todas mediante su muerte redentora en la cruz. Una prueba de esta obra de redención es explicada en el Evangelio según San Mateo.

> *Y cuando llegó la noche, trajeron a él muchos endemoniados; y con la palabra echó fuera a los demonios, y sanó a todos los enfermos; para que se cumpliese lo dicho por el profeta Isaías, cuando dijo: Él mismo tomó nuestras enfermedades, y llevó nuestras dolencias.*
>
> MATEO 8:16-17

La última parte es una cita de Isaías 53:4, expresada de una manera diferente. Este versículo nos dice que recibimos la sanidad divina gracias a la muerte redentora de nuestro Señor Jesús. Es evidente que al hablar de enfermedad, aquí no se refiere a ninguna enfermedad o sufrimiento espiritual. El versículo 16 habla del aspecto físico de la enfermedad: *Y cuando llegó la noche, trajeron a él muchos endemoniados . . . y sanó a todos los enfermos.*

Nadie debe dudar de la autenticidad de esta cita de Isaías 53:4, porque es el Espíritu Santo quien dijo esas palabras. ¿Quién se atreve a desafiar la veracidad del autor de la Biblia, el Espíritu Santo?

El Espíritu Santo nos dio la interpretación de Isaías 53:4 por medio de Mateo. Mateo 8:17 es la explicación correcta y fidedigna. No necesitamos argumentar ni debatir este asunto. Lo que tenemos que hacer es declarar que Cristo llevó nuestras enfermedades y sufrió nuestros dolores. La sanidad divina no es un ministerio independiente del evangelio de Jesucristo. La sanidad divina es una parte esencial de su evangelio. La sanidad divina tiene que ser considerada como algo de lo cual no podemos prescindir. Es uno de los dones de Dios que debe acompañar a la proclamación del evangelio.

De modo que cuando predicamos sobre la muerte redentora de Jesucristo, debemos siempre predicar sobre la sanidad divina lo mismo que el perdón de los pecados. Si alguno afirma que la muerte de Cristo no incluye la sanidad, muy bien pudiera decir que la muerte del Señor tampoco incluye el perdón de los pecados. Podemos ver en Isaías 53 que el verbo usado con respecto al perdón de los pecados también se usa con respecto a la sanidad. Si se nos permite interpretar la muerte redentora de Cristo concerniente a la sanidad divina según nuestro propio criterio, también se nos debe permitir interpretar de la misma manera la muerte redentora de Cristo concerniente al perdón de los pecados. Pero una interpretación tan arbitraria de modo inevitable debilitará el mensaje del evangelio y lo hará dudoso.

Las Sagradas Escrituras que deseo comparar con relación a la muerte redentora de Jesucristo para el perdón de los pecados y la sanidad divina son las siguientes:

> *Verá el fruto de la aflicción de su alma, y quedará satisfecho; por su conocimiento justificará mi siervo justo a muchos, y llevará las iniquidades de ellos.*
>
> ISAÍAS 53:11

> *Por cuanto derramó su vida hasta la muerte, y fue contado con los pecadores, habiendo él llevado el pecado de muchos, y orado por los transgresores.*
>
> ISAÍAS 53:12

El derivado del verbo "llevar" que se usa en llevará las iniquidades de ellos tiene la misma etimología en hebreo que el verbo "sufrir" en la frase: *sufrió nuestros dolores* (dolores causados por la enfermedad) (Isaías 53:4). La palabra "llevado" en la frase *habiendo él llevado el pecado de muchos* tiene la misma etimología que la palabra "sufrió" en la frase: *sufrió nuestros dolores* (Isaías 53:4). Podemos notar que la palabra usada para describir que llevó nuestras iniquidades y sufrió nuestros dolores (dolores causados por la enfermedad) es la misma, ya que la palabra usada para describir que llevó el pecado y sufrió nuestros dolores (la enfermedades) es la misma palabra hebrea. No podemos aceptar una y rechazar la otra. No podemos creer la una y refutar la otra. Si podemos interpretar una según nuestro propio criterio, tenemos que interpretar la otra de la misma manera.

En síntesis, la muerte redentora de Cristo incluye tanto la remisión de nuestros pecados como la sanidad de nuestras enfermedades. Estas dos bendiciones siempre tienen que ir juntas cuando se predica el evangelio. No debemos tirar por la borda una de las ofertas de la gracia enseñada claramente en la Palabra de Dios y predicar la otra.

Cristo llevó nuestros pecados. Ese es un hecho comprobado. Asimismo, Cristo llevó nuestras enfermedades y sufrió nuestros dolores. Ese también es un hecho comprobado. Somos salvos del pecado por su gracia mediante la fe. Así también, tenemos que recibir la sanidad por gracia mediante la fe en Jesucristo. ¿Quién puede negar un hecho tan prominente?

El Espíritu Santo supo de antemano que las personas negarían la gracia del Señor concerniente a la sanidad. Por medio del profeta Isaías, expresó este lamento: *¿Quién ha creído a nuestro anuncio? ¿y sobre quién se ha manifestado el brazo de Jehová?* (Isaías 53:1). Cualquiera que cree en Jesucristo recibe el perdón de sus pecados. También recibe la sanidad de sus enfermedades de manos del mismo Señor.

Veamos ahora el lenguaje hebreo usado en Isaías 53 concerniente al perdón de los pecados y la sanidad divina. En *llevará las iniquidades de ellos* (Isaías 53:11) y *sufrió nuestros dolores* (Isaías 53:4) se usa el mismo verbo hebreo sabal, cuyo significado es "llevar una carga pesada", como la mujer encinta esperando dar a luz, que lleva una carga pesada dentro de ella. Está explicado con mucha claridad a través de la Palabra de Dios, que Cristo llevó a la cruz nuestros pecados y nuestros dolores (dolor causado por la enfermedad). Él llevó estas dos cargas pesadas por toda la humanidad.

Otra palabra digna de notar es el verbo hebreo *nasa*, usado en Isaías 53:12, que dice: *habiendo él llevado el pecado de muchos*, y en Isaías 53:4, que dice: *ciertamente llevó él nuestras enfermedades*. El significado de esta palabra hebrea es "levantar", "llevar" y "quitar". Se trata de la misma palabra usada en Levítico para describir el chivo expiatorio, que era enviado al desierto llevando sobre sí todas las iniquidades de los israelitas:

> *Y pondrá Aarón sus dos manos sobre la cabeza del macho cabrío vivo, y confesará sobre él todas las iniquidades de los hijos de Israel, todas sus rebeliones y todos sus pecados, poniéndolos así sobre la cabeza del macho cabrío, y lo enviará al desierto por mano de un hombre destinado para esto. Y aquel macho cabrío llevará sobre sí todas las iniquidades de ellos a tierra inhabitada; y dejará ir el macho cabrío por el desierto.*
>
> LEVÍTICO 16:21-22

Cristo se hizo el chivo expiatorio para toda la humanidad y llevó en su propio cuerpo todos nuestros pecados y nuestras enfermedades, y las quitó de nosotros: *Porque fue cortado de la tierra de los vi-*

vientes, y por la rebelión de mi pueblo fue herido (Isaías 53:8).

Dios nos ha dado a entender mediante su inmutable palabra de profecía que nuestro Señor Jesucristo llevó nuestros pecados y nuestros dolores causados por las enfermedades. Él cargó sobre su cuerpo la pesada cargo y quitó por completo ese peso de toda la humanidad, de una vez por todas, al ser crucificado en la cruz. Todo lo que nosotros tenemos que hacer es tener una fe firme e inconmovible en el Salvador, y nunca más sucumbir a la servidumbre del pecado y de la enfermedad.

Muchísimas personas todavía están buscando a tientas una salida del pantano de la enfermedad y el pecado porque simplemente no se han enterado de estas buenas nuevas. El libro del profeta Isaías además confirma que Cristo, el Señor de toda la humanidad, la redimió de sus enfermedades: *. . . y por su llaga fuimos nosotros curados* (Isaías 53:5).

Esta frase muy significativa fue citada por el apóstol Pedro en su primera epístola: *Quien llevó él mismo nuestros pecados en su cuerpo sobre el madero, para que nosotros, estando muertos a los pecados, vivamos a la justicia; y por cuya herida fuisteis sanados* (1 Pedro 2:24). De tal modo, Pedro le da el mismo peso y valor a la sanidad como al perdón de los pecados, los cuales se hallan ambos incluidos en la gracia redentora del Señor Jesucristo.

Como es bien evidente que la salvación y la sanidad divina fueron dadas mediante la misma pasión y muerte de Jesucristo en la cruz, tenemos que aceptar la sanidad divina por la fe en su obra completada.

Las palabras citadas por Pedro nos dan aún más

seguridad. Dijo resueltamente, que por sus heridas fuimos sanados. No fue meramente un dicho, sino que estaba haciendo una declaración. Lo que nos corresponde hacer es aceptar tan gran declaración, que nos fue dada como una instrucción bajo la inspiración del Espíritu Santo. Sin reservaciones, debemos acercarnos al trono de la gracia para recibir nuestra sanidad, sea cual fuere la enfermedad que nos esté atormentando.

El pago completo por nuestras enfermedades fue cancelado hace dos mil años. Pedro lo expresó muy vívidamente al decir: *fuisteis sanados*. Se trata del verbo en pretérito. No dijo que *serán* sanados. La Escritura *fuisteis sanados* significa que toda enfermedad y todo el poder de Satanás sobre la enfermedad fue roto en el Calvario. ¡El problema de la enfermedad fue conquistado en el Calvario hace dos mil años!

Todo lo que nos corresponde ahora es conocer esta verdad y ejercitar nuestra fe en la obra consumada de Jesucristo. El hecho incambiable permanece un hecho. Nuestra incredulidad no puede invalidarla ni cambiarla en mentira. Es cierto que Él murió por nuestra salud tanto como por nuestros pecados.

Piense en el insondable carácter y plan de Dios, el Creador. Envió a su Hijo unigénito para morir en la cruz por nuestros pecados y nuestras enfermedades. Dios tenía tan gran deseo de que fuéramos hechos libres y restaurados en cuerpo y espíritu que hasta volvió el rostro de su Hijo cuando Cristo se hizo pecado por nosotros y soportó en su propio cuerpo los azotes para la sanidad de toda la humanidad. Con intenso sufrimiento e indescriptible dolor y agonía, mezclados con momentos de desprecio, completamente separado de su Padre, Cristo pagó nuestra deuda a fin de satisfacer la justicia de Dios. En la actualidad, la salvación y la sanidad han sido compradas para cualquiera que desea recibirlas. Con elocuencia Isaías nos dice: *Con todo eso, Jehová quiso quebrantarlo, sujetándole a padecimiento* (53:10).

¿Por qué permitió Dios que su Hijo fuera agobiado de tal manera que hasta las personas que lo vieron sufrir en la cruz se horrorizaron? Todo fue porque Dios tenía el gran deseo de sanar nuestras enfermedades y nuestras dolencias. Quería librarnos de la esclavitud del pecado y de la enfermedad de una vez por todas.

Si una persona enseña que Dios no desea sanar nuestras enfermedades físicas, comete un grave error. Se está rebelando contra la voluntad del todopoderoso Dios. La intención de Dios para la humanidad nunca ha cambiado. ¡Oh, cuánto Él desea que seamos sanados y que gocemos de buena salud! Todavía sigue exhortándonos a través de su Palabra a que gocemos de salud. Hallamos unas palabras reconfortantes en 3 Juan 2: *Amado, yo deseo que tú seas prosperado en todas las cosas, y que tengas salud, así como prospera tu alma.* ¡Qué palabras llenas de amor y consuelo!

7
Los teólogos
y la sanidad divina

No es únicamente *mi* comprensión que la sanidad está incluida en la muerte redentora de Jesucristo. Muchos pastores y maestros de la Biblia han conocido esta verdad y también la han enseñado.

El doctor R. A. Torrey, a quien he estudiado muy bien, dice en su libro *La sanidad divina*:

La muerte expiatoria de Jesucristo no sólo nos compró la sanidad física, sino la resurrección, la perfección y la glorificación de nuestro cuerpo . . . El evangelio de Cristo ofrece salvación para el cuerpo así como para el alma . . . De la misma manera que uno recibe el primer fruto de su salvación espiritual en la vida presente, también recibimos el primero fruto de nuestra salvación física en la vida presente . . . Cada creyente, ya sea o no diácono o anciano, tiene el privilegio y el deber de *orar unos por otros* en caso de enfermedad, con la expectativa de que Dios oirá y sanará.

El doctor R. E. Stanton, ex superintendente de la

Asamblea General de la Iglesia Presbiteriana, dice en su libro *Los evangelios sinópticos:*

> Es mi propósito mostrar que la expiación de Cristo pone el fundamento tanto para la liberación del pecado como para la liberación de la enfermedad. Esa completa provisión ha sido hecha para ambos; para que en el ejercicio de la fe bajo las condiciones dictadas, tengamos la misma razón de creer que el cuerpo puede ser librado de la enfermedad así como el alma puede ser librada del pecado; en resumen, que ambas ramas de la liberación tengan la misma validez, y que es necesario incluir ambas en cualquier verdadero concepto de lo que el evangelio le ofrece a la humanidad. El verdadero sacrificio expiatorio de Cristo cubre las necesidades tanto físicas como espirituales de la raza humana . . . Por lo tanto, la sanidad del cuerpo no es un asunto secundario, como algunos lo quieren hacer ver. No es de menos importancia que la sanidad del alma. Ambas forman parte del mismo evangelio, basadas igualmente sobre la misma gran expiación.

El Comité de Investigación sobre la Sanidad Divina, encabezado por el obispo Reese de la Iglesia Anglicana, hizo la siguiente declaración pública concerniente a la sanidad divina después de un largo período de investigación:

> La sanidad del cuerpo es un elemento esencial del evangelio, y tiene que ser predicada y practicada . . . Dios desea salud para nuestro cuerpo. La iglesia, el "Cuerpo de Cristo", tiene la misma comisión y el mismo poder que Jesucristo, la Cabeza de la Iglesia. Con una verdadera comprensión del amor de Dios, los creyentes tienen que

predicar en este mundo el evangelio completo. Las personas sufren a causa del pecado y de la enfermedad. Las personas tienen que ser salvas del pecado y sus consecuencias: la enfermedad.

Llegaron a esta conclusión después de tres años de investigación intensiva y estudio diligente de la Palabra de Dios por el comité, compuesto por muchos teólogos.

El doctor A. B. Simpson también escribió un capítulo tratando con el principio de la sanidad divina, en su libro El evangelio de la sanidad divina, exponiendo lo siguiente:

> Si la enfermedad fue un resultado de la caída del hombre, es lógico que la sanidad de la enfermedad sea incluida en la gracia de la expiación. Es bastante natural que esperemos que la ordenanza para la enfermedad en el Antiguo Testamento sea la misma, que se profetizó acerca del evangelio; y la Biblia no nos desilusiona en cuanto a este asunto. El cuidado y la providencia de Dios no sólo abarcan el bienestar espiritual de su pueblo sino también incluyen las necesidades terrenales y físicas.
>
> Este gran principio se puede notar a través de todo el Antiguo Testamento. Unas instrucciones bien claras concernientes a la sanidad divina fueron dadas en las ordenanzas de Moisés. También en las descripciones proféticas del advenimiento de nuestro Salvador, es revelado que el Salvador vendría no sólo como el Rey glorioso y Salvador misericordioso sino también como el gran Médico . . . En el Salmo 103 y en Isaías 53, se enseña que la redención de nuestro cuerpo es el propósito de Dios.

El doctor A. J. Gordon afirmó la seguridad de la sanidad divina en su libro El ministerio de la sanidad divina:

En la expiación de Cristo parece que fue puesto un fundamento para la fe en la sanidad del cuerpo. Decimos "parece" porque el pasaje al cual nos referimos es tan profundo e inescrutable en su significado que uno quisiera cuidarse mucho de no hablar dogmáticamente con relación a él. Pero es por lo menos una profunda verdad que Cristo ha sido colocado ante nosotros como el que lleva la enfermedad así como el pecado de su pueblo. Está escrito en el Evangelio según Mateo (8:16-17): *Y cuando llegó la noche, trajeron a él muchos endemoniados; y con la palabra echó fuera a los demonios, y sanó a todos los enfermos; para que se cumpliese lo dicho por el profeta Isaías, cuando dijo: Él mismo tomó nuestras enfermedades, y llevó nuestras dolencias.*

Es evidente que aquí se refiere a algo más que una simpatía por nuestros sufrimientos. El yugo de la cruz mediante el cual llevó nuestras iniquidades también se apoderó de nuestras dolencias; de modo que en cierto sentido es verdad que cuando Dios *hizo pecado por nosotros al que no conoció pecado*, hizo también enfermarse a quien no conocía la enfermedad. El que de manera enigmática simpatizó con nuestro dolor, que es el fruto del pecado, también se puso bajo nuestros sufrimientos que son la paga del pecado. En otras palabras, el pasaje parece enseñarnos que Cristo soportó como vicario nuestras enfermedades así como nuestras iniquidades.

Si es cierto que nuestro Redentor y Sustituto llevó nuestras enfermedades, sería lo más natural deducir que las llevó para que no tengamos que llevarlas nosotros.

Así, el doctor Gordon da testimonio de una manera muy persuasiva sobre el hecho de que la muerte redentora de Jesucristo comprende también la sanidad de nuestro cuerpo físico.

El doctor Billy Graham, evangelista de fama mundial, fue entrevistado por el Tribune News Syndicate de Chicago y citado en The Voice of Healing del mes de agosto de 1964. Explicó así su comprensión de la sanidad divina:

Algunas de las enseñanzas concernientes a la sanidad divina pueden ser incorrectas; pero cualquiera que lee el Nuevo Testamento con una menta abierta, llegará a la conclusión de que Cristo tuvo una preocupación de gran amor tanto por nuestra salud espiritual como física. Muchas denominaciones están investigando el tema de la sanidad divina; y algunas de las denominaciones (incluso la Iglesia Anglicana) aceptan la sanidad divina en su declaración de fe.

En el mundo moderno, en el cual se nos ofrece mucha ayuda médica y avances científicos, estamos propensos a dar enseñanzas cristianas que llevan a evitar la sanidad divina, que de otra manera pudiera haber sido de gran ayuda. Muchos médicos están conscientes de que la oración y la fe son de gran ventaja en la cura de la enfermedad, y tenemos muchos casos de sanidades milagrosas que nunca pueden ser explicadas en términos médicos. Muchos de mis amigos han experimentado sanidades divinas milagrosas. Nunca podemos explicarlas mediante la razón o el conocimiento humano. He visto tantas maravillosas obras de Dios con relación a la sanidad divina que nunca puedo dudar de las maravillas que Dios puede hacer.

Todos estos testigos — teólogos, maestros de la Biblia y evangelistas — afirman que la redención de Jesucristo incluye la gracia de la sanidad divina. Todos los creyentes en Cristo tenemos que llegar a saber que podemos ser sanados cuando acudimos a Jesucristo por la fe, así como recibimos el perdón de los pecados cuando nos acercamos a Él por la fe. ¡Podemos ser sanados hoy!

Segunda parte

La sanidad divina en el Nuevo Testamento

8
¿Significa sanidad el cristianismo?

El hombre ha sido creado como un ser espiritual y físico. Cuando pecó contra Dios, su cuerpo, así como su espíritu, fue corrompido. La muerte, la paga del pecado, y la enfermedad, el comienzo de la muerte física, han estado operando en el cuerpo humano desde la caída del hombre. El pecado también dio como resultado la separación del espíritu del hombre de la comunión con Dios.

Por lo tanto, la salvación de Jesucristo tiene que ser aplicada al hombre en su totalidad: a su espíritu y a su cuerpo. La redención de Cristo incluye no sólo la regeneración del espíritu del hombre, sino también la restauración de su cuerpo. Jesús vino para socorrer a los seres humanos del sufrimiento causado por el pecado y la enfermedad. Durante su ministerio terrenal Cristo proveyó la gracia de la salvación, pero al mismo tiempo sanó a los enfermos. Y continúa hoy con ese ministerio de sanidad.

En Hebreos 13:8 dice que *Jesucristo es el mismo ayer, y hoy, y por los siglos.* En Hebreos 7:25 dice: *Por lo cual puede también salvar perpetuamente a los*

que por él se acercan a Dios, viviendo siempre para
interceder por ellos.

El Espíritu de Cristo que habita en nosotros produce vida en el espíritu del hombre o de la mujer. De igual manera, el cuerpo resucitado de Cristo produce vida en el cuerpo mortal del creyente.

El ministerio terrenal de Jesús comenzó con la sanidad de los enfermos. Cuando fue crucificado, llevó nuestras enfermedades así como nuestros pecados (1 Pedro 2:24). Y cuando ascendió a los cielos, les dio a sus discípulos una comisión importante. Les encargó que predicaran el evangelio de la salvación y que sanaran a los enfermos.

En Marcos 16:15-18 Jesús dijo:

> *Id por todo el mundo y predicad el evan-*
> *gelio a toda criatura. El que creyere y fuere*
> *bautizado, será salvo; mas el que no creyere,*
> *será condenado. Y estas señales seguirán a los*
> *que creen: En mi nombre echarán fuera de-*
> *monios; hablarán nuevas lenguas; tomarán*
> *en las manos serpientes, y si bebieren cosa*
> *mortífera, no les hará daño; sobre los enfer-*
> *mos pondrán sus manos, y sanarán.*

¿Por qué no se practica en la iglesia de hoy una comisión tan solemne del Señor Jesús? ¿Quiere decir que su gracia ha sido abolida desde los días de los apóstoles? ¿Significa que sólo los discípulos, como Pedro, Jacobo y Juan, eran verdaderos creyentes? ¿No son los creyentes de hoy verdaderos creyentes? No; no puede ser. El evangelio de la sanidad divina no ha desaparecido porque las iglesias de hoy se han vuelto secularizadas y porque su fe se ha enfriado.

El profeta Joel profetizó: *Y después de esto derramaré mi Espíritu sobre toda carne, y profetizarán vuestros hijos y vuestras hijas; vuestros ancianos soñarán sueños, y vuestros jóvenes verán visiones* (Joel 2:28). El ministerio del Espíritu Santo ha llegado a ser más activo con el pasar del tiempo, y a medida que nuestra fe en el Cristo viviente se profundiza más, el evangelio de la sanidad divina recupera su fuerza. Muchas personas en la actualidad han experimentado sanidades físicas milagrosas lo mismo que una gloriosa salvación espiritual.

Cuando la gracia de la sanidad divina es restaurada en la iglesia, es importante que tengamos una clara y precisa comprensión de la sanidad divina basada en la Palabra de Dios. Nuestra fe cristiana nunca debe estar basada en un fundamento que no sea el evangelio de Jesucristo.

9

¿Incluye sanidad la redención de Cristo?

En Romanos 5:12 dice: *Por tanto, como el pecado entró en el mundo por un hombre, y por el pecado la muerte, así la muerte pasó a todos los hombres, por cuanto todos pecaron.* Este versículo claramente enseña que la muerte vino al mundo debido al pecado. Cuando consideramos el hecho de que la enfermedad es el inicio de la muerte física, notamos que la enfermedad es también el resultado del pecado. En realidad, la raíz de la enfermedad es el pecado.

Cristo murió para redimir a toda la humanidad del pecado. Por lo tanto, es lo más natural que la cura de la enfermedad esté incluida en la redención de Cristo. Durante su ministerio terrenal, Cristo *anduvo haciendo bienes y sanando a todos los oprimidos por el diablo* (Hechos 10:38). Aun hoy, si tenemos una enfermedad incurable, ¿dónde acudiremos para ser sanados sino al Hijo de Dios, Jesucristo? Si sufrimos de una enfermedad grave que no puede ser curada por médicos humanos, moriremos si es que no nos libera el poder de Dios.

Los grandes médicos y las excelentes medicinas no pueden matar la enfermedad en sí. Sólo pueden auxiliar el poder inherente de autosanidad en el ser humano. Pero cuando nuestro cuerpo mortal recibe la gracia del Espíritu Santo, podemos recobrar la salud (Romanos 8:11). El apóstol Santiago escribió: *Confesaos vuestras ofensas unos a otros, y orad unos por otros, para que seáis sanados. La oración eficaz del justo puede mucho* (Santiago 5:16). El pecado es la incubadora de la muerte. Impide el ministerio del Espíritu Santo y abre camino para que las fuerzas de la muerte hagan su obra.

Como la enfermedad es una maldición para el ser humano, causada por el pecado, la cura de la misma tiene que estar incluida en la redención de Cristo. ¿Quién nos puede librar de la enfermedad orientada hacia el pecado sino Dios mismo? ¿Cómo podemos ser librados de la maldición del pecado sino por la gracia de la cruz? La enfermedad es uno de los castigos impuestos al cuerpo humano, ocasionado por la transgresión de Adán. Pero Cristo llevó sobre su cuerpo el castigo por todo pecado. Por lo tanto, mediante la fe en Jesucristo, quien borró todo pecado, podemos ser libres de la esclavitud de la enfermedad.

Así como la salvación es el primer fruto del Espíritu Santo mediante la fe en Jesucristo, la sanidad del cuerpo es la primicia de la resurrección. Si la redención de Cristo en la cruz no incluyó la liberación de toda enfermedad, en realidad no podemos decir que vamos a recibir un cuerpo resucitado en el reino venidero. ¿Si la enfermedad no está incluída en la redención de Cristo, cómo podemos saber que no vamos a sufrir de enfermedades en el reino venidero?

Y si la sanidad divina no es parte de la gracia redentora de Cristo, según creen y enseñan algunas personas, ¿por qué se enseña sobre la sanidad divina en el Antiguo Testamento?

Véase como un ejemplo Éxodo capítulo 12. Al pueblo de Israel se le indicó que debía comer la carne de los corderos pascuales de Dios. Eso era para que tuvieran la fuerza física necesarias para el largo viaje.

Por lo tanto, no es de extrañarse que recibamos fuerza física y buena salud al participar del cuerpo de Cristo, nuestro cordero pascual (1 Corintios 5:7). Cuando participamos del pan y del vino en la Santa Cena, mostramos nuestra participación en el cuerpo y la sangre de Jesucristo. La sangre de Cristo nos redimió del pecado. Su cuerpo partido nos redimió de la enfermedad. La Biblia dice que por su herida fuimos sanados (1 Pedro 2:24). Cuando participamos en la Cena del Señor, nuestro espíritu recibe la santificación de Dios y nuestro cuerpo recibe la vida de Cristo.

Pablo dijo: *Llevando en el cuerpo siempre por todas partes la muerte de Jesús, para que también la vida de Jesús se manifieste en nuestros cuerpos* (2 Corintios 4:10). La sanidad divina significa que la vida de Cristo es en realidad manifestada en nuestro cuerpo por medio del poder del Espíritu Santo.

Jesús se refería al jubileo del Antiguo Testamento cuando dijo, en Lucas 4:19, que había venido *a predicar el año agradable del Señor*. El jubileo es una figura clara de la bendición que recibiremos durante el tiempo de la gracia. Cuando vemos lo que dice en

Levítico 25:8-12, notamos que antes de que se anunciara el año del jubileo, había un día de expiación.

En el día de expiación, se mataba un animal de sacrificio, y la sangre del animal era rociada en el propiciatorio antes que pudiera recibirse cualquier bendición. Después que la sangre del sacrificio por el pecado era rociada en el propiciatorio y los pecados del pueblo eran perdonados, tocaban fuertemente la trompeta a través del país anunciando el jubileo. Entonces las personas que habían perdido sus tierras o que estaban separadas de su familia, retornaban a su tierra y a su familia.

Eso simboliza el hecho de que recibimos la misericordia y la bendición de Dios sólo mediante la redención de la cruz. Cristo se hizo nuestro sacrificio por el pecado cuando fue crucificado en la cruz del Calvario. Luego resucitó al tercer día. Mediante su muerte en la cruz, Cristo roció su sangre en el propiciatorio del cielo, y restauró todas las cosas que se habían perdido a causa del pecado. Al enviarnos el Espíritu Santo, hizo sonar el cuerno de gozo del evangelio y proclamó la liberación del poder del diablo.

Después que fue tocada la trompeta en el año del jubileo, Dios mandó al pueblo de Israel: *Y santificaréis el año cincuenta, y pregonaréis libertad en la tierra a todos sus moradores; ese año os será de jubileo, y volveréis cada uno a vuestra posesión, y cada cual volverá a su familia* (Levítico 25:10). ¿Cuánto más puede Cristo, que ofreció un más excelente sacrificio bajo un mejor pacto, librarnos del diablo y permitir que volvamos a nuestra propiedad?

Jesús nos dio el ejemplo de esto cuando sanó a una mujer que había estado enferma durante dieciocho

años. Su enfermedad era causada por un espíritu, y
Él la sanó en el día de reposo. Cuando los fariseos lo
acusaron de quebrantar el día de reposo, se indignó
(Lucas 13:10-17). La expiación de Cristo fue completada hace dos mil años. La trompeta del Espíritu
Santo, urgiéndonos a retornar a nuestra propiedad,
se hizo oír en todo el mundo. Y sigue sonando hoy.
Todo lo que tenemos que hacer es obedecer al Señor
y recobrar nuestra propiedad perdida de la buena
salud. Fue comprada para nosotros por la sangre de
Cristo derramada en la cruz.

Si negamos eso, nulificamos la promesa del Señor.
¿Cómo podemos decir que amamos a Dios si nulificamos su promesa? La Biblia confirma la verdad de
esto en varios lugares:

> *. . . y por cuya herida fuisteis sanados.*
>
> 1 PEDRO 2:24

> *El mismo tomó nuestras enfermedades, y
> llevó nuestras dolencias.*
>
> MATEO 8:17

> *Y estas señales seguirán a los que creen . . .
> sobre los enfermos pondrán sus manos, y sa-
> narán.*
>
> MARCOS 16:17-18

> *¿Está alguno enfermo entre vosotros? Lla-
> me a los ancianos de la iglesia, y oren por él,
> ungiéndole con aceite en el nombre del Señor.
> Y la oración de fe salvará al enfermo, y el
> Señor lo levantará; y si hubiere cometido
> pecados, le serán perdonados.*
>
> SANTIAGO 5:14-15

La sanidad divina está disponible. Podemos gozar de buena salud. Los que predicamos *el evangelio por el Espíritu Santo enviado del cielo* (1 Pedro 1:12), tenemos que aceptar la verdad de la sanidad divina sin reservación. Tenemos que ayudar a los enfermos. ¡Tenemos que ayudarles a recuperar la buena salud en Cristo!

10

¿Recibiremos sanidad sólo en el milenio?

Algunas personas enseñan que recibiremos sanidad únicamente en el reino milenial. En este capítulo, quisiera que veamos lo que la Biblia enseña acerca de eso.

Un día Jesús entró en la sinagoga de Nazaret y leyó la siguiente porción del libro del profeta Isaías:

> *El Espíritu del Señor está sobre mí, por cuanto me ha ungido para dar buenas nuevas a los pobres; me ha enviado a sanar a los quebrantados de corazón; a pregonar libertad a los cautivos, y vista a los ciegos; a poner en libertad a los oprimidos; a predicar el año agradable del Señor.*
>
> LUCAS 4:18-19

Algunos dicen que debemos interpretar esos versículos sólo espiritualmente. Argumentan por la espiritualización de esta Escritura. Pero si observamos detenidamente la vida de Cristo, no podemos negar el hecho de que estas cosas sucedieron históricamente. Jesucristo dio libertad a las personas que estaban oprimidas por el pecado. También liberó a las personas que estaban oprimidas por los demonios. Un ejemplo de eso lo tenemos en el endemoniado gadareno que estaba poseído por un demonio llamado "Legión". Así como el Señor dio comprensión espiritual a los espiritualmente ciegos, dio la vista a los físicamente ciegos. Un ejemplo de eso es la sanidad de Bartimeo, el mendigo ciego.

¿Qué significa *poner en libertad a los oprimidos*? Pedro anunció en la casa de Cornelio, a todos los que estaban ansiosos de oír su mensaje: *Dios ungió con el Espíritu Santo y con poder a Jesús de Nazaret, y . . . anduvo haciendo bienes y sanando a todos los oprimidos por el diablo, porque Dios estaba con él* (Hechos 10:38).

Poner en libertad a los oprimidos significa librar a las personas de la opresión del diablo. Cristo sanó a los que sufrían bajo la opresión del diablo.

Después de citar el pasaje de Isaías a la multitud que se había reunido en la sinagoga, Jesús dijo: *Hoy se ha cumplido esta Escritura delante de vosotros* (Lucas 4:21). Cristo no dijo que lo que Él había dicho se cumpliría en el reino milenial. Dijo que ese día — hoy — se había cumplido. ¿Quién se atrevería a tergiversar lo que Jesús dijo? ¿Quién osaría decir que lo que Cristo en realidad quiso decir fue "mañana" cuando dijo "hoy"? El *hoy* mencionado por Cristo se refiera al tiempo de la gracia en el cual vivimos. Ya ha sido proclamado *el año agradable del Señor*.

11

¿Era el don de sanidad sólo para los primeros creyentes?

Leemos lo siguiente en el capítulo cinco de Santiago: *¿Está alguno enfermo entre vosotros? Llame a los ancianos de la iglesia, y oren por él, ungiéndole con aceite en el nombre del Señor. Y la oración de fe salvará al enfermo, y el Señor lo levantará; y si hubiere cometido pecados, le serán perdonados* (Santiago 5:14-15).

Quien escribió estas palabras fue Santiago, el hermano del Señor Jesucristo. Era el portavoz principal de los apóstoles en la iglesia de Jerusalén (Hechos 15:13) y, según Pablo, una columna de la iglesia (Gálatas 2:9). Cuando se formaron dos bandos como resultado de diferentes opiniones respecto a la circuncisión — uno que consideraba que los gentiles que habían sido salvos debían guardar la ley y ser circuncidados, y otro que reclamaba que como eran salvos por la fe, no tenían necesidad de la circuncisión —, Santiago puso fin a las discusiones, diciendo: *Por lo cual yo juzgo . . .* (Hechos 15:19). Tal autoridad tenía Santiago (o Jacobo) entre los apóstoles. Los demás discípulos fueron silenciados por la conclusión a la cual él había llegado y le obedecieron. Por lo tanto, lo que Santiago escribió en su carta universal a todas las iglesias tenía mucho peso. No puede ser nulificado o tomado a la ligera.

Según Santiago, ¿a quién se le concedía el poder de la sanidad? ¿Dijo él que había sido entregado a los apóstoles que, sin duda, pronto pasarían a mejor vida? Esos eran los últimos días de la era apostólica. ¿Fue el poder de la sanidad únicamente puesto en manos de unas pocas personas bien dotadas? No.

Entonces, ¿a quién se le encomendó el poder de la sanidad? El poder de la sanidad fue otorgado a los ancianos de la iglesia. Esos hermanos están al alcance de cualquier persona enferma. Los ancianos de la iglesia tienen autoridad bíblica para ejercer el don de Dios de la sanidad divina todo el tiempo que la iglesia exista en la tierra.

Los pastores y los predicadores son el equivalente de los ancianos de la época de la Biblia. Son los que pastorean la congregación. Son instrumentos escogidos por Dios en la iglesia.

Si usted estudia el período cuando fue escrito el libro de Santiago, notará que no escribió su epístola durante los primeros años de la era de los apóstoles. La escribió durante la última parte. En otras palabras, Santiago no estaba escribiendo para sus contemporáneos sino para una era venidera, para las personas que vivirían en los postreros días. Si, además, estudia el método que dio Santiago para la oración por los enfermos, notará que ese don no fue dado a ciertas personas en particular que tenían más talentos que otros. El método que dio Santiago para la sanidad fue en primer lugar la oración de fe. Luego dio el método de ungir con aceite en el nombre del Señor. *La oración de fe* no significa una oración elevada como por casualidad, esperando que uno tenga suerte y reciba una respuesta. La fe es *la certeza de lo que se espera, la convicción de lo que no se ve* (Hebreos 11:1). En el idioma griego, certeza es hupostasis, que significa bienes raíces o título de propiedad. Eso implica que cuando oramos por los enfermos, tenemos que orar con la misma seguridad y convicción que cuando echamos mano de un título de propiedad. No debemos orar en términos vagos. No debemos dudar ni tener falta de certeza, diciendo: "Si es la voluntad del Señor."

Una de las razones por las cuales muchas oraciones no son contestadas es porque no son ofrecidas con fe. Los hombres y las mujeres no han comprendido las palabras y la voluntad del Señor. Todas las riquezas del cielo están a nuestra disposición mediante la fe. Lea las siguientes Escrituras:

Pero sin fe es imposible agradar a Dios.

HEBREOS 11:6

Pero pida con fe, no dudando nada; porque el que duda es semejante a la onda del mar, que es arrastrada por el viento y echada de una parte a otra.

SANTIAGO 1:6

". . . ungiéndole con aceite en el nombre del Señor" no significa primero tomar medicinas, y luego orar, como sugieren algunas personas. Por supuesto,

las medicinas son una maravillosa bendición y los
creyentes no deben dejar de agradecer por ellas. Las
buenas medicinas alivian el dolor y restauran la salud.
Son bendiciones de Dios. Pero la sanidad divina no
tiene nada que ver con las medicinas. Depende totalmente del poder de Dios. En el versículo mencionado de Santiago, ungir tiene el mismo significado
que en Marcos 6:13: *Y echaban fuera muchos demonios, y ungían con aceite a muchos enfermos, y los
sanaban.*

¿Por qué es necesario que unjamos con aceite? El
ungir con aceite tiene un profundo significado sim-
bólico. En primer lugar, significa separación del mundo. Cualquier persona enferma que desea ser sanada
primeramente tiene que arrepentirse de sus pecados
y dejar de llevar una vida de compromiso con el
mundo. Tiene que presentar su cuerpo al Señor y
llevar una vida centrada en Dios. En segundo lugar,
ungir con aceite simboliza el derramamiento del
Espíritu Santo.

La hermosa manifestación de la gracia y la misericordia de Dios, que toma lugar cuando el Espíritu
de vida en Cristo es revelado en nuestro cuerpo, es
como el ungimiento con aceite. Recibimos la sanidad
divina cuando el Espíritu de Cristo se posesiona de
nuestro cuerpo y nos llena del Espíritu de vida.

Mientras tengamos personas enfermas en nuestro
medio, y mientras que la iglesia de Cristo esté en la
tierra, el mandamiento de Cristo de sanar a los
enfermos tiene que ser llevado a cabo. Va mano a
mano con las otras ordenanzas de Jesús, tales como
el bautismo y la Santa Cena. Si tomamos a la ligera
estas instrucciones, significa en esencia que negamos

el amor y la gracia de nuestro Señor. Las instrucciones que nos dio Santiago en la era de los apóstoles nunca han sido canceladas ni revocadas. Siguen siendo para nosotros en la iglesia actual.

12

Dios ordenó
el don de sanidad

oy tenemos maestros de la Biblia en nuestras iglesias que les administran alimento espiritual a los creyentes. También tenemos seminaristas que se están preparando para la obra del ministerio. Con mucha diligencia estudian la Palabra de Dios y, después de graduarse, son enviados al mundo para dar advertencias proféticas a los hombres y a las mujeres que viven en las tinieblas. De modo que vemos que el ministerio de profecía sigue siendo una parte vital de la iglesia de hoy.

¿Cómo podemos argüir que el don de sanidad es el único don que ya no es vital para la iglesia actual? La sanidad está incluida en la lista de los dones de la iglesia en 1 Corintios 12:28: *Y a unos puso Dios en la iglesia, primeramente apóstoles, luego profetas, lo tercero maestros, luego los que hacen milagros, después los que sanan, los que ayudan, los que administran, los que tienen don de lenguas.* Fue Dios quien ordenó el don de sanidad en la iglesia. ¿Quién puede abolir lo que Dios ha establecido?

El profeta Joel predijo que en los postreros días

Dios derramaría su Espíritu sobre toda carne (Joel 2:28). En el sermón del día de Pentecostés, Pedro, lleno del Espíritu Santo, declaró que *los postreros días* se refería al tiempo de la gracia que es "hoy" (véase Hechos 2:17). Santiago habló de *la lluvia temprana y la tardía* (Santiago 5:7). Nuestros días son nada menos que la época para la *lluvia tardía*. Vivimos en la época cuando el mayor ministerio del Espíritu Santo puede suceder y, efectivamente, se está llevando a cabo. ¿Cómo podemos negar *la manifestación del Espíritu* mencionada en 1 Corintios 12:7?

La manifestación del Espíritu incluye el don de sanidad (1 Corintios 12:9) y se lleva a cabo por la completa voluntad de Dios (1 Corintios 12:11). ¿Cómo podemos nosotros, meros seres humanos, impedir la obra y el ministerio del Espíritu Santo, negando el don de sanidad divina? El don de sanidad no ha desaparecido ni disminuido en los años que han pasado desde la temprana era apostólica. Por el contrario, está siendo revitalizado en los postreros días.

13

La fe para salvación y milagros

Analicemos detenidamente lo que dice en Marcos 16:16-18:

El que creyere y fuere bautizado, será salvo; mas el que no creyere, será condenado. Y estas señales seguirán a los que creen: En mi nombre echarán fuera demonios; hablarán nuevas lenguas; tomarán en las manos serpientes, y si bebieren cosa mortífera, no les hará daño; sobre los enfermos pondrán sus manos, y sanarán.

Esos versículos indican que mientras siga vigente la gracia de la salvación, los milagros y la sanidad divina también continuarán. Si esos dones hubieran sido únicamente para los creyentes de la era de los apóstoles, también la salvación hubiera sido únicamente para las personas de esa época. Pero sabemos que la promesa en Marcos 16: *El que creyere . . . será salvo,* sigue en vigencia hoy. La advertencia en Marcos 16 también sigue vigente: *El que no creyere, será condenado.*

¿Cómo podemos afirmar que la promesa: *Y estas señales seguirán a los que creen* ha sido anulada? ¿Sobre qué base lo afirmamos? Ya que la fe es la condición para recibir la salvación, si una parte de una promesa bíblica ha sido anulada, la otra parte también tiene que ser anulada. Por otra parte, siempre y cuando una parte de la promesa sigue en efecto, las demás partes tienen que ser vigentes también.

Jesucristo usó la misma palabra griega para referirse a la fe con relación a la salvación que la palabra que usó con relación a la sanidad divina. ¿Quién se atreve a desatar lo que Dios ha unido? En la frase: *El que creyere . . . será salvo*, se usa el singular de la palabra "creer". Y en la frase: *Y estas señales seguirán a los que creen*, se usa la forma plural de "creer". El principio es el mismo: Si una persona desea ser salva, él o ella tiene que acercarse a Dios y aceptar a Cristo como su Salvador y Señor. La salvación es un regalo individual para la persona. La sanidad divina es un regalo dado al cuerpo, la iglesia.

En la actualidad muchas iglesias no comprenden la promesa del Señor concerniente a la sanidad divina y las señales milagrosas. Como resultado de la ignorancia y la falta de fe, este regalo que Cristo le ha dado a la iglesia ha sido ignorado y descuidado. Pero podemos ver en la historia de la iglesia que cuando hay grandes avivamientos mediante un poderoso derramamiento del Espíritu Santo, los creyentes reciben nueva fortaleza y llegan a ser valientes en su fe. Comienzan a suceder muchas maravillosas señales tanto dentro como fuera de la iglesia.

El ministerio del Espíritu Santo y los dones de hablar en lenguas y la sanidad divina nunca le han sido quitados a la iglesia. Siguen en existencia y edifican a los creyentes hasta el día de hoy. Son preciosos dones de Dios. La única razón por la cual estos dones no se manifiestan más en nuestro medio es por nuestra incredulidad. Mientras que la salvación por la fe no ha sido revocada, *estas señales* no serán revocadas, porque el mismo Señor habló de ellas.

Si tenemos el derecho de negar tales señales o dones, también tenemos el derecho de negar la salvación por la fe. Pero nadie niega que la salvación por la fe es tan cierta hoy como lo fue en los días de los apóstoles. Tenemos que contender seriamente por toda la fe que una vez fue dada a los santos (Judas 1:3).

Así como en la iglesia actual se predica la gracia de la salvación por la fe, del mismo modo las señales deben ser predicadas y recibidas. Se debe predicar la sanidad divina para beneficio de la fe cristiana, para la derrota del diablo, y para la manifestación del amor y la gracia de Dios. No debemos cometer el pecado de interpretar la Palabra de Dios de acuerdo con nuestra propia manera de pensar, invalidando así el ministerio de Dios. No debemos descuidar (ya sea por incredulidad o por falta de conocimiento) la gracia y los dones que Dios le ha dado a la iglesia.

Tenemos que permitir que Cristo cumpla su promesa de que en su nombre sus seguidores *echarán fuera demonios; hablarán nuevas lenguas; tomarán en las manos serpientes, y si bebieren cosa mortífera, no les hará daño; sobre los enfermos pondrán sus manos, y sanarán* (Marcos 16:16-18).

Es necesario que les mostremos las realidades espirituales a las personas del mundo que están sumidas en el materialismo y la lascivia. Como Pablo les dijo a las iglesias en Corinto: *Y ni mi palabra ni mi predicación fue con palabras persuasivas de humana sabiduría, sino con demostración del Espíritu y de poder, para que vuestra fe no esté fundada en la sabiduría de los hombres, sino en el poder de Dios* (1 Corintios 2:4-5). Tenemos que revitalizar la fe de los creyentes y ayudarnos unos a otros para que seamos fortalecidos por el Espíritu Santo.

Un problema común entre los creyentes de hoy es el concepto de que la gracia y el poder para hacer señales y administrar la sanidad divina es dado únicamente a ciertas personas. Dios nunca hace acepción de personas: *Estas señales seguirán a los que creen* (Marcos 16:17). Esto incluye a cualquiera y a todos los que creen. Estas señales son dadas para la edificación de toda la iglesia, y no sólo a ciertas congregaciones. Así como recibimos la salvación por la fe, de la misma manera la sanidad divina tiene que ser manifestada entre nosotros mediante la fe.

En Romanos 10:17 dice: *Así que la fe es por el oír, y el oír por la palabra de Dios.* Tenemos que recibir la fortaleza de la fe oyendo la Palabra. Si no predicamos la Palabra de Dios, que nos dice que somos salvos por la fe, ¿cómo podrán los hombres y las mujeres ser salvos? De igual manera, si no testificamos del poder y la gracia de las señales y los milagros revelados en el Evangelio según San Marcos, ¿cómo podrán las personas creer y experimentar tales señales y milagros?

No se puso fin a la sanidad divina al finalizar la era de los apóstoles. La fe que fue predicada por los apóstoles ha sido secularizada. Por consiguiente, el don de la sanidad divina no ejerce su poder en la iglesia actual. No debemos perder más tiempo fabricando excusas por esto; más bien, debemos volver de inmediato a la verdad y el poder del evangelio completo. Sin reserva, debemos testificar de la verdad de Dios y restaurar el poder que fue revelado tan claramente en la iglesia primitiva.

14

¿Es importante la sanidad divina?

Algunas personas consideran que no es importante la sanidad divina. Otras sugieren que no es necesaria. Pero los apóstoles por cierto no enseñaron eso. Pedro enseñó que la salvación y la sanidad divina son ambas muy importantes:

> *Quien llevó él mismo nuestros pecados en su cuerpo sobre el madero, para que nosotros, estando muertos a los pecados, vivamos a la justicia; y por cuya herida fuisteis sanados.*

> 1 PEDRO 2:24

Para Pedro, predicar el evangelio significaba la salvación de las almas y la sanidad de los enfermos:

> *Sacaban los enfermos a las calles, y los ponían en camas y lechos, para que al pasar Pedro, a lo menos su sombra cayese sobre alguno de ellos. Y aun de las ciudades vecinas muchos venían a Jerusalén, trayendo enfer-*

mos y atormentados de espíritus inmundos; y todos eran sanados.

HECHOS 5:15-16

Tenemos otro ejemplo en el apóstol Juan. Juan era el discípulo amado que se recostó al lado de Jesús en la última cena. Él probablemente conocía mejor a Cristo que cualquiera de los demás discípulos. Juan no dijo que la sanidad divina no fuera necesaria ni le restó importancia. En realidad, fueron Juan y Pedro que vieron y sanaron al mendigo cojo a la puerta del templo que se llamaba la Hermosa. Juan dijo en su tercera epístola: *Amado, yo deseo que tú seas prosperado en todas las cosas, y que tengas salud, así como prospera tu alma* (3 Juan 2).

Eso no era una ilusión de parte de Juan. De todo corazón deseaba que tuviéramos buena salud y que fuéramos librados de la enfermedad.

¿Y qué de los demás discípulos? ¿Qué enseñaban ellos? ¿Qué sentían ellos? He aquí una de sus oraciones:

Y ahora, Señor, mira sus amenazas, y concede a tus siervos que con todo denuedo hablen tu palabra, mientras extiendes tu mano para que se hagan sanidades y señales y prodigios mediante el nombre de tu santo Hijo Jesús.

HECHOS 4:29-30

Dios contestó el ferviente deseo y la oración de ellos. En Hechos 4:31 leemos: *Cuando hubieron orado, el lugar en que estaban congregados tembló; y todos fueron llenos del Espíritu Santo, y hablaban con denuedo la palabra de Dios.*

La Biblia dice que los apóstoles dieron testimonio de la resurrección de nuestro Señor Jesucristo y que abundante gracia era sobre todos (Hechos 4:33).

En esos pasajes vemos con toda claridad que los apóstoles no separaban las palabras de testimonio de la sanidad divina y las señales. Pedían de todo corazón una doble porción de las bendiciones de Dios, y les enseñaban a los demás a hacer lo mismo (Santiago 5:14-16; 1 Pedro 2:2).

El apóstol Pablo no aprendió del Señor en la carne. Pablo experimentó un maravilloso encuentro con el Señor ascendido (Hechos 9:1-9). Como resultado de ese milagroso encuentro, creyó en Cristo, recibió el llamado a la obra y, posteriormente, hizo muchas cosas para el Señor. En Romanos 15:17-18, Pablo dijo: *Tengo, pues, de qué gloriarme en Cristo Jesús en lo que a Dios se refiere. Porque no osaría hablar sino de lo que Cristo ha hecho por medio de mí para la obediencia de los gentiles, con la palabra y con las obras.*

Para algunas personas es vergonzoso hablar de que el evangelio de Cristo sea acompañado de prodigios y señales en el poder del Espíritu. Condenan a las personas que proclaman tales cosas. Pero Pablo dijo que se gloriaba en eso: *De manera que desde Jerusalén, y por los alrededores hasta Ilírico, todo lo he llenado del evangelio de Cristo* (Romanos 15:19). Su ministerio era acompañado de prodigios y señales en el poder del Espíritu y se gloriaba al respecto.

¿Cómo podemos explicar y excusar nuestra negligencia de esta gracia que hacía que los gentiles inconversos se reunieran en creciente número en todas las iglesias? Si nuestro mayor conocimiento, nuestra filosofía y nuestra educación son más eficaces en la predicación del evangelio que aquello por lo cual se gloriaba Pablo, ¿por qué no predicamos aun más el evangelio alrededor del mundo? Hay muchísimos más gentiles ahora que en la época de Pablo. ¿Cómo podemos llevar a esos gentiles a la obediencia? ¿Somos nosotros más sabios que Dios? Tenemos que predicar las palabras de Cristo y los prodigios y las señales acompañarán su Palabra hasta el fin de los tiempos (Marcos 16:20).

El escritor de Hebreos dijo: *Testificando Dios juntamente con ellos, con señales y prodigios y diversos milagros y repartimientos del Espíritu Santo según su voluntad* (Hebreos 2:4). ¿Quiénes somos para ignorar tal admonición y tratar de predicar el evangelio de Cristo únicamente mediante palabras y sabiduría humanas? Tenemos que responder esta solemne pregunta.

Decir que no necesitamos los prodigios, las señales y el poder del Espíritu en nuestra época no es sino una manera de tratar de cubrir nuestra falta de poder. Las señales, los prodigios y el poder del Espíritu son esenciales para testificar con éxito del evangelio, y debemos usar para la gloria de Dios los dones que les han sido dados a la iglesia.

Por supuesto, no es aceptable el abuso o mal uso de cualquiera de los dones. Lamentablemente algunas personas le dan mal uso y abusan de los dones. Pero siempre que se lleva a cabo la buena obra de Dios, sin falta el diablo entra en escena y trata de destruir esa obra de Dios. Muchas veces el diablo viene disfrazado como ángel de luz. Además, cuanto más grande y más importante sea la obra de Dios, tanto más severa será la interferencia del diablo.

Es como dice el antiguo proverbio coreano: "No podemos dejar de hacer salsa soya por miedo de los gusanos." En otras palabras, cuando enfrentemos interferencias e impedimentos, no debemos intimidarnos. En lugar de eso, tenemos que hacer todo lo posible para *contender ardientemente por la fe que una vez ha sido dada a los santos* (Judas 1:3). Tenemos que identificar al diablo, establecer la verdad de las cosas en base a la Palabra de Dios y trabajar con más ahínco por la causa del evangelio.

El hombre por naturaleza desea experimentar milagros. ¿Por qué? Porque es algo de Dios. Tenemos que hacer ver a todos la poderosa mano del Pastor de nuestra alma. De otro modo, el diablo saca ventaja de nuestra naturaleza y nos lleva a la destrucción. Las señales, los prodigios y la gracia de la sanidad divina son muy importantes y, como los apóstoles, debemos pedir que nos sean concedidos.

15

La sanidad divina manifiesta la gracia de Cristo

Si Cristo hubiera dicho que las señales, los prodigios y la sanidad divina no era importantes, tuviéramos toda razón al tratarlos de esa manera. Pero no dijo nada de eso. Por supuesto, la salvación de nuestra alma es más importante que cualquier otra cosa, y si no le damos el énfasis apropiado a la salvación, todo lo demás suena falso. No obstante, Cristo nunca dijo que la sanidad divina no era importante o que no fuera necesaria. En realidad, dedicó dos tercios de su ministerio público a la sanidad de los enfermos. Cualquiera que ha leído los evangelios ha visto que Cristo era un gran médico.

¿Por qué sanó Jesús a los enfermos e hizo prodigios y señales? Algunas personas dicen que era porque quería mostrar que era el Mesías. Es cierto. Él les dijo a los que negaban su deidad: *Si no hago las obras de mi Padre, no me creáis. Mas si las hago, aunque no me creáis a mí, creed a las obras, para que conozcáis y creáis que el Padre está en mí, y yo en el Padre* (Juan 10:37-38). Mediante sus obras Cristo dio pruebas de que era el Mesías.

Juan el Bautista testificó del hecho de que Cristo era el Cordero de Dios. Poco después, fue arrestado por el rey Herodes y puesto en prisión. Cuando Juan vio que Cristo no estaba librando al pueblo de Israel de las fuerzas de los romanos, se sintió desilusionado. Envió a algunos de sus discípulos para que le preguntaran a Jesús si en realidad era el Mesías. Cristo les dijo a los discípulos de Juan: *Id, haced saber a Juan lo que habéis visto y oído: los ciegos ven, los cojos andan, los leprosos son limpiados, los sordos oyen, los muertos son resucitados, y a los pobres es anunciado el evangelio* (Lucas 7:22).

Juan el Bautista había anticipado un Mesías político. Pero Cristo hizo ver que era el Mesías que libera a los hombres y a las mujeres de las cadenas del diablo, que son peores y más fuertes que las cadenas del gobierno romano.

Cristo trajo para los creyentes renovación y libertad espiritual. Como prueba de esa emancipación, Cristo sanó a las personas que estaban oprimidas por la enfermedad, el dolor y la posesión demoníaca. Él dio vista a los ciegos y les predicó el evangelio a los pobres. Al hacer eso, se manifestó a sí mismo como el Mesías.

En Hebreos 13:8 dice: *Jesucristo el mismo ayer, y hoy, y por los siglos*. Aceptamos ese versículo como la Palabra de Dios. Cristo sigue haciendo prodigios y señales, y sigue sanando a los enfermos. De esa manera nos muestra que en verdad es nuestro Salvador. Cuando Cristo vino a este mundo en la carne, no llevó a cabo su ministerio únicamente mediante la palabra hablada. Él ministró con poder. Nosotros también tenemos que hablarle al mundo con poder; no sólo mediante la predicación sino mediante manifestaciones físicas de poder. Al hacerlo, presentamos pruebas concretas de que Jesús es nuestro Salvador. ¡Qué maravillosa gracia!

Jesucristo dijo: *El que en mí cree, las obras que yo hago, él las hará también; y aun mayores hará, porque yo voy al Padre* (Juan 14:12).

Cristo también comisionó a sus discípulos antes de volver al cielo: *Y estas señales seguirán a los que creen: En mi nombre echarán fuera demonios; hablarán nuevas lenguas; tomarán en las manos serpientes, y si bebieren cosa mortífera, no les hará daño; sobre los enfermos pondrán sus manos, y sanarán* (Marcos 16:17-18).

Después que los discípulos oyeron eso, y después que recibieron el derramamiento del Espíritu Santo, predicaron el evangelio con poder. En Marcos 16:20 vemos que ellos, *saliendo, predicaron en todas partes, ayudándoles el Señor y confirmando la palabra con las señales que la seguían.* Las señales, los prodigios y la gracia de la sanidad divina son tal reales como la salvación y su Palabra de verdad. Tenemos que aceptarlas y recibirlas con gozo, nunca pasarlas por alto. La sanidad divina es importante porque es la manifestación de la gracia y la misericordia del Señor.

En el Salmo 145:8 David dice: *Clemente y misericordioso es Jehová, lento para la ira, y grande en misericordia.*

Mientras Cristo andaba en la tierra, sanó a los enfermos, echó fuera demonios y tuvo compasión de los afligidos dondequiera que iba. Mateo nos dice: *Y*

saliendo Jesús, vio una gran multitud, y tuvo compa-
sión de ellos, y sanó a los que de ellos estaban enfermos
(Mateo 14:14). *Y Jesús, teniendo misericordia de*
él, extendió la mano y le tocó, y le dijo: Quiero, sé
limpio (Marcos 1:41).

Esos versículos muestran que el propósito del
ministerio de sanidad de Cristo no era sólo para
probar que era el Mesías. Marcos dice que dondequiera que iba Jesús, sintió compasión por las personas y sanó a los enfermos. ¿Quién se atrevería a
detener a Jesús de hacer tales buenas obras? ¿Por qué
algunas personas insisten en que la misericordia y el
amor de Cristo no son importantes ni necesarias en
la iglesia de hoy? Innumerables personas están enfermas y poseídas por el diablo en nuestros días. Su vida
está llena de dolor y lágrimas. Si alguien les niega el
amor y la misericordia del Señor, y si alguien trata de
impedir la manifestación de la gracia de Dios, asume
una gran responsabilidad y tendrá mucho por lo cual
responder algún día.

Jesús dijo en Mateo 18:20: *Porque donde están*
dos o tres congregados en mi nombre, allí estoy yo en
medio de ellos. Cristo es *el mismo ayer, y hoy, y por*
los siglos. ¿Por qué pasamos por alto la gracia y la
misericordia del Señor?

¿Cómo se atreve alguien a decir que la gracia y la
misericordia de Cristo han acabado? ¿Quién puede
decir que hoy no podemos experimentar la compasión de Cristo? No podemos negar la Palabra de Dios
que dice: *Pero yo os digo la verdad: Os conviene que*
yo me vaya; porque si no me fuera, el Consolador no
vendría a vosotros; mas si me fuere, os lo enviaré
(Juan 16:7). Las Escrituras nos dicen que Jesucristo

fue resucitado de los muertos y que está sentado a la diestra de Dios. *Él es en todo semejante a sus hermanos, para venir a ser misericordioso y fiel sumo sacerdote en lo que a Dios se refiere, para expiar los pecados del pueblo* (Hebreos 2:17).

El escritor de Hebreos también dijo:

> *Porque no tenemos un sumo sacerdote que no pueda compadecerse de nuestras debilidades, sino uno que fue tentado en todo según nuestra semejanza, pero sin pecado. Acerquémonos, pues, confiadamente al trono de la gracia, para alcanzar misericordia y hallar gracia para el oportuno socorro.*

> HEBREOS 4:15-16

Jesucristo es nuestro Sumo Sacerdote. Él desea colmarnos de su misericordia y su gracia. Por eso nos exhorta a acercarnos confiadamente al trono de la gracia.

¿Se compadece Dios únicamente de nuestro espíritu? ¿Sólo nos perdona nuestros pecados? ¿Nos deja sufrir físicamente y morir? La Biblia dice: *Y saliendo Jesús, vio una gran multitud, y tuvo compasión de ellos, y sanó a los que de ellos estaban enfermos* (Mateo 14:14). Las personas que están enfermas no deben desesperar. Cristo tiene poder para sanar a los enfermos. Él tiene compasión de ellos y desea sanarlos. Debemos arrepentirnos de nuestros pecados y confiar en Él para la sanidad por la fe.

No tomar en cuenta la gracia de la sanidad divina es en esencia ignorar el ministerio de nuestro Sumo Sacerdote. Cristo es un fiel Sumo Sacerdote. Él perdona nuestros pecados, y siente compasión por nosotros cuando estamos enfermos y nos sana. También nos ayuda a hallar gracia para el oportuno socorro. La gracia de la sanidad divina es la manifestación del poder de Cristo. Debemos apreciarla e incluirla en nuestra proclamación del evangelio.

16

La obra de Dios
en mi vida
mediante el sufrimiento

Cuando Jesucristo envió a sus discípulos a predicar el reino de Dios, siempre les mandó que sanaran a los enfermos y que echaran fuera demonios. Repitió el mismo mandamiento a los setenta discípulos. Y justo antes de ascender al cielo, mandó a todos los creyentes a poner las manos sobre los enfermos y también a que esperaran ver sanidad divina.

Según este mandamiento bíblico he orado por los enfermos, a tiempo y fuera de tiempo. Oro por los enfermos en cada culto en la Iglesia del Evangelio Completo de Yoido, porque es el mandamiento de Jesucristo y porque Él dijo que la sanidad sería el resultado de la oración de los creyentes por los enfermos. Yo *espero* que se obre sanidad cuando oro, y veo grandes manifestaciones de sanidad casi en cada culto; todo porque trato de seguir cada mandamiento del Señor.

Hace poco, visité a una pareja de ancianos que me

contaron algo asombroso. El esposo tiene sesenta y cuatro años de edad y su esposa tiene sesenta y tres. Tienen nueve hijos: un varón y ocho mujeres. La tercera hija de pronto quedó esquizofrénica durante su tercer año de estudios secundarios. Aunque la trataron muchos psiquiatras, no fue sanada. Al fin los médicos perdieron toda esperanza de recuperación para ella. Como eran budistas devotos, la esposa iba cada día al templo budista para orar por la sanidad de su hija. Pero no sucedía nada. Uno de los miembros de mi iglesia oyó hablar de ella y se puso en contacto con la familia y les habló de la sanidad divina. Como un último recurso, los padres llevaron a su hija a la iglesia en una camilla.

Como de costumbre, el templo estaba repleto de gente y no pudieron hallar un asiento, así que dejaron a su hija en la camilla sobre el piso frío de cemento. Pero algo sucedió durante el culto. Mientras ella escuchaba la predicación comenzó a sentirse mejor, y durante la oración de despedida, fue completamente sanada. ¡Se necesitó sólo un culto! Jesús se acercó a esa camilla y sanó la mente y el cuerpo de la jovencita. Sólo un toque de la mano invisible del Maestro la dejó completamente sana. En la actualidad goza de buena salud y estudia en nuestro instituto bíblico.

El padre sufría de diabetes cuando vino. Después de ver a su hija completamente sana, también asistió a la iglesia; y después de recibir oración, también fue sanado. Además de eso, el anciano estaba perdiendo la vista. No podía ver nada de su ojo derecho y los médicos le habían dicho que pronto perdería la vista del ojo izquierdo. La pareja estaba desalentada. En realidad, toda la familia se hallaba en una situación desesperante.

El día que la esposa trajo a su esposo a mi oficina, puse mis manos sobre su ojo derecho y oré por él en el nombre de Cristo. Después me contó que al llegar por el ascensor al primer piso pudo ver el rostro del chofer, y poco después pudo ver sus dedos en frente de sus ojos. Su vista empezó a mejorar poco a poco, y está casi totalmente restaurada. Esta es una experiencia típica de la sanidad divina de una familia de nuestra iglesia.

Vez tras vez me entero de experiencias similares de las familias de nuestra iglesia. Cristo prometió que estas señales seguirían a los que creen en Él, y que serían algo normal en cada creyente. El propósito es glorificar a Jesucristo como el Sanador.

Veo grandes milagros en nuestra iglesia, por el poder del Espíritu Santo, porque Jesucristo es el mismo ayer, y hoy, y por los siglos. ¡Él nos dio la promesa! Y está cumpliendo esa promesa. Cuando seguimos su Palabra y vivimos en obediencia a ella, ¡el resultado normal es ver señales que le indican al creyente que la Palabra de Dios es viva aún hoy! ¡Cristo vive y sus promesas son las mismas!

Muchas personas me preguntan: "¿Por qué pone tanto énfasis en la oración por los enfermos?" La razón es que yo mismo estuve muy enfermo durante mi niñez. Cuando estaba en el quinto grado de la escuela primaria, estuve gravemente enfermo con sarampión. Muchos niños murieron del sarampión en esos días, porque no había medicinas apropiadas para curarlo. Fue un ataque completo de enfermedad y fiebre cuando tuve sarampión. No sólo tuve una fiebre en extremo elevada y deshidratación, sino, además sangraba de la nariz y de la boca y tenía muchísimo dolor. Estuve enfermo mucho tiempo, pero poco a poco fui recuperando la salud. En aquel tiempo, todos los miembros de mi familia eran budistas.

Después de esa experiencia quedé muy débil. Estudiaba en la secundaria durante la guerra de Corea y, como la mayoría de los coreanos, era muy pobre. En mi familia todos sufrían de desnutrición. Siempre me sentía mareado; pero trataba de superar mi condición física por fuerza de poder.

Luego ocurrió un desastre en mi vida cuando estaba completando el primer año de estudios en la academia técnica de Busán, Corea. Estaba trabajando de tutor un día frío de invierno cuando comencé a vomitar mucha sangre. Regresé a casa muy mareado, de modo que mis padres me llevaron al hospital. Los médicos me hicieron un examen minucioso y les informaron a mis padres que mi condición era de mucha gravedad. Me daban únicamente tres meses de vida, porque la radiografía indicaba que gran parte de mi pulmón derecho estaba descompuesto y que mi pulmón izquierdo estaba lleno de tuberculosis, en proceso de descomposición.

Los médicos sugirieron que se me operara, pero sabían que no había ninguna esperanza de recuperación. La situación era precaria. No sólo tenía tuberculosis sino también padecía de pleuresía, lo cual aumentaba mi debilidad y sentido de impotencia. Como éramos muy pobres, no pude recibir la atención médica que necesitaba. Mis padres se resignaron ante las consecuencias, y me llevaron a casa, en espera de la muerte. Tanto mis padres como mis hermanos empezaron a prepararse para mi fallecimiento.

Por la milagrosa intervención de Dios, una amiga cristiana de mi hermana fue de visita a mi casa y me habló de Cristo. Cuando mis padres se enteraron de que me estaba hablando de la fe cristiana, le prohibieron que entrara otra vez a mi cuarto, y le pidieron que se fuera. Pero, como se sabe, cuando un hijo o una hija de Dios es enviado a cumplir una misión divina, no se da por vencido fácilmente. De modo que la amiga de mi hermana siguió visitándome. Me contó que mis padres le habían prohibido que me hablara, y me dijo que deseaba darme su Biblia. Me sugirió que comenzara a leer en el Nuevo Testamento acerca de Jesucristo, que vino a salvar a los pecadores y a sanar a los enfermos. Acepté la Biblia por la insistencia de ella y, durante las largas y solitarias horas que pasaba en cama, comencé a leerla. Abrí la Biblia en el Nuevo Testamento, tal como ella me había sugerido; pero se me hizo difícil comprender lo que leía. Había muchos nombres que no comprendía. Pronto ella se dio cuenta de que me estaba desanimando, así que un día me preguntó:

— ¿Te gusta el pescado?

— Sí, me gusta el pescado. Pero, ¿qué tiene que ver eso con lo que estoy leyendo? — le pregunté.

— ¿Te comes las espinas del pescado?

— Por supuesto que no — le contesté —. Como el pescado y dejo las espinas.

— Al leer la Biblia — me dijo —, pasa por alto los nombres difíciles; sigue leyendo y llegarás a la parte que te ayudará.

De modo que pasé por todas las genealogías del

libro de Mateo. Y pronto, al seguir leyendo, me encontré personalmente con Cristo. El gozo y la paz inundaron mi corazón. Fue como el calor de una madre para su hijo. No sólo acepté a Cristo como mi Salvador, sino que me di cuenta de que Él también era mi poderoso sanador. Con la fe sencilla como de un niño, comencé a orar. Nada sabía de las formalidades ni de la manera apropiada de acercarme a Él, de modo que sólo pude buscarlo con toda sinceridad.

Le pedí de todo corazón que me salvara de la muerte. Pasados seis meses, pude levantarme de la cama y caminar sin dificultad. Pasó el año de crisis, y como no morí, fue transformado mi corazón. Pero pronto comencé a escupir sangre de nuevo. De inmediato pensé: *He desagradado a Jesucristo; por eso me estoy enfermando otra vez.*

Decidí orar y ayunar en mi pequeño cuarto. Cuando había ayunado todo un día, sentí como que me iba a desmayar. En el segundo día de mi ayuno, estaba tan débil que no pude seguir orando. Apenas cerraba mis ojos, veía comida y me imaginaba que estaba comiendo. Al tercer día, cuando estaba orando como a las dos de la mañana, abrí mis ojos y vi todo el cuarto en llamas. Parecía como que las grandes llamas de fuego saltaban ante mí y que las chispas llegaban hasta el techo. Creí que había llegado mi hora de muerte y traté de pedir socorro, pero no pude decir nada.

A los pocos minutos el humo empezó a desaparecer y vi a un hombre de vestiduras blancas de pie ante mí.

Al principio creí que era un bombero, hasta que puso su mano izquierda sobre su pecho y señaló hacia el cielo con la derecha. Su frente estaba sangrando. Me llené de asombro y pensé: *¡Es Jesús!*

— Eres Jesús, ¿no es así? — le pregunté al fin.

Comencé a llorar y lo único que podía decir era: "¡Oh, Jesús!"

— Joven — me dijo —, las riquezas y el poder pronto se convierten en cenizas. Dedica tu vida a predicar el evangelio.

— ¡Pero soy un enfermo de tuberculosis! — exclamé.

— No te preocupes . . . — comenzó a decirme.

Luego perdí el conocimiento.

Pasaron varias semanas y seguí pidiéndole a Cristo que me salvara de morir. Le dije que si había sanado a todas esas personas de la Biblia y que si seguía siendo el mismo hoy, yo deseaba que me sanara. Poco a poco fui recobrando mis fuerzas y, aunque todavía estaba débil y enfermizo, lentamente iba sanando de mi tuberculosis. No había duda de eso.

Como un año después, mientras seguía recuperando las fuerzas, me fui de Busán a Seúl para estudiar en un instituto bíblico. A veces es fácil pasar por alto la tierna voz del Espíritu Santo que nos urge a cuidarnos. Estando allí quería participar en tantas actividades que me esforcé demasiado y nuevamente me acosó la debilidad y la enfermedad.

La doctora Choi Jashil (que ahora es mi suegra) oyó hablar del alumno en el humilde instituto bíblico de las Asambleas de Dios en Seúl, y vino para ayudarme. Era enfermera con licencia internacional en esa época, así que me dio una inyección y me recetó unos medicamentos. Durante varios días oró fervientemente por mí y de nuevo recuperé la salud.

Aunque el sufrimiento debido a la enfermedad y la extrema debilidad habían sido intensos, pronto supe que ese sufrimiento llegaría a ser una gran bendición para mí y para los que habían sido llamados por el Espíritu Santo a orar por mí, aun cuando no conocía a muchos de ellos.

En esos días aprendí a ser más sensible al arrepentimiento. Aprendí a reconocer la voz del Espíritu Santo cuando me hablaba mediante las Sagradas Escrituras. Sentí que había sido despojado de todas las actitudes y los deseos hacia las "cosas". Tomé decisiones sobre las cosas que valoraba más en mi vida. Comencé a apreciar el valor de una persona no salvada así como el Señor la ve. Al ir vaciando mi vida de todas las cosas que no parecían de importancia, comencé a sentir una limpieza en mi vida y una renovación de mi mente. Recibí mayor fe para creer que Dios supliría mis necesidades más precarias, lo que me preparó para tener más fe en años venideros para la construcción de tres iglesias.

De modo que el sufrimiento cumplió un propósito en mi vida, haciéndome más sensible a las necesidades de las personas a mi alrededor, las que esperaban ser satisfechas por medio de cualquiera que tuviera la sensibilidad suficiente de comprender y saber lo que Dios deseaba hacer.

Muchas otras cosas de mi vida perdieron su importancia. Pronto lo único que deseaba era conocer a Jesús y ser revestido de su poder para hablarles a otros que sufrían de enfermedades o pruebas acerca de las lecciones que había aprendido.

En 1959, abrí mi primera iglesia. Aunque había sido sanado de tuberculosis, mi corazón estaba muy

débil y tenía constantes palpitaciones. De repente
me sobrevenían ataques de debilidad y muchas veces
tenía que sentarme o recostarme hasta recuperar las
fuerzas. Me sentía muy solo durante los tiempos
cuando experimentaba los terribles ataques de palpitaciones seguidos de total agotamiento y debilidad.
Muchas veces sentía que en verdad había sido sanado,
sólo para experimentar otra de esas terrible olas de
debilitamiento que me daban un sentimiento muy
raro desde la cabeza hasta los pies. Los ataques de
debilitamiento me sobrevenían cuando menos lo
pensaba, incluso cuando estaba predicando. Muchas
veces dependía desesperadamente de Cristo cuando
predicaba la Palabra. Por fuerza tenía que creer en Él
como mi divino Sanador, y me vi obligado a reclamar
de Jesucristo la sanidad cada momento de mi vida.
Hasta en mis quehaceres diarios de ir a la iglesia y
visitar a los miembros de la iglesia, o en los momentos
de recreación con mi familia, me vi forzado a depen-
der de la vida de Jesucristo para mi propia vida. A
veces me preguntaba si el Señor iba a permitir que
me muriera en algún pequeño hotel lejos de mi
familia y los fieles miembros de la iglesia que oraban
por mí; pero cuando oraba con sinceridad el Espíritu
Santo siempre me confortaba y todas las veces seguía
un toque de Cristo. Aprendí que Jesucristo no sólo
es nuestro Sanador, sino que también es la Fuente de
nuestra salud día por día y cada momento.

Tuve que enrolarme en el ejército coreano en
1961, y me colocaron en el Cuerpo de Inteligencia.
Mientras cumplía mis dos años de servicio militar me
enfermé gravemente. Un día me llevaron en ambu-
lancia a un hospital del ejército, donde al fin me

diagnosticaron con un serio problema intestinal. Me operaron tan pronto como fue posible; fue una operación que duró ocho horas. Mientras me estaba recuperando en el hospital, contraje neumonía y nuevamente estaba hundiéndome muy rápidamente.

Durante esos días no había penicilina en Corea. También había escasez de buenas vitaminas, de modo que mi condición física, complicada por un corazón muy débil, no era muy fuerte. Parecía que no podía recobrar mis fuerzas.

Nuevamente la hermana Choi Jashil fue a visitarme, y oró día y noche junto a mi cama por mi recuperación. Creo que recibí la fuerza para sobrevivir gracias a sus oraciones y las oraciones de muchos de los hermanos de nuestra iglesia. Me dieron licencia del ejército por razones de enfermedad; y cuando me sentí un poco mejor, fue una alegría para mí poder volver a mi casa.

Tenía gran necesidad de descanso y también necesitaba tiempo para recuperar totalmente la salud; pero tan pronto como salí del ejército tuve que dedicarme de lleno al trabajo en la iglesia. En 1961 comencé la obra pionera de una segunda iglesia, junto con el doctor Juan Hurston y mi suegra, en una zona del centro de Seúl, llamada "Sodaimoon".

Comencé a trabajar como si nunca hubiera estado enfermo. Constantemente estaba ocupado pastoreando, visitando, aconsejando, orando por los enfermos y preparando líderes en mi iglesia. Cada minuto sentía un agotamiento total y los ataques de debilidad causados por mi corazón. Cada momento estaba luchando: luchando para sobrevivir y luchando para sanar de mi enfermedad. Estaba aprendiendo a recibir por la fe el poder de la resurrección de Cristo en mi vida a cada momento; y mediante su poder era sostenido un día a la vez. ¡Qué grandes dificultades soporté durante esos años de pruebas! El sufrimiento parecía interminable; pero me enseñó a mirar a Cristo y a elevar mi fe y mi confianza como nunca antes, a elevarlas hasta que mi fe era mayor que las montañas de dificultad. Aprendí que cuando me parecía que ya no tenía más recursos, ¡podía confiar aún más y elevar a más alturas mi fe! Eso no quiere decir que ya no tenía dolor y sufrimientos. Eso significaba que podía vivir por encima de mi desesperación y continuar andando con Dios hasta que llegara mi sanidad.

Nuestra iglesia estaba creciendo y consideraba que había aprendido unas lecciones sumamente valiosas acerca de la fe y la confianza. Entonces, una noche de 1964, mientras servía de intérprete para un evangelista norteamericano que iba a estar con nosotros sólo una semana, me desmayé en la plataforma de la iglesia debido a un agotamiento total tanto físico como del sistema nervioso. Pensé que me iba a morir.

Nuestros diáconos se apresuraron a mi lado y me llevaron a un hospital cercano. El médico sugirió que nunca más volviera a predicar, y así volví a mi casa. Todavía no me había casado y vivía solo. Recuerdo que toda la noche sentí como que estaba en un ascensor que bajaba a toda velocidad hacia la planta baja en un giro vertiginoso. ¡Estaba bajando y bajando! Y otra vez el dolor y los problemas nerviosos iban acompañados de las palpitaciones del corazón. Nadie que no lo haya experimentado puede saber cómo es el dolor y la desesperanza de un profundo agotamiento nervioso. Por fuera parecía que gozaba de buena salud, pero interiormente me sentía hecho pedazos y parecía que mis nervios tomaban mil y una diferentes direcciones mientras yo temblaba y luchaba por concentrarme. Era muy difícil estar de pie, porque parecía como si el mundo entero daba vueltas incontroladas alrededor de mí, de modo que tenía que pasar la mayor parte de mi tiempo en cama.

A pesar de que no podía estar de pie mucho tiempo a la vez, continué con mi ministerio. En mi espíritu confiaba firmemente en la promesa de que algún día sería sanado y restaurado por completo, y con una fe inconmovible seguí atreviéndome a confiar en que Dios me daría la victoria. No me daba cuenta de que cada día mi fe iba desarrollando y haciéndose más fuerte para un día posterior. Sólo sabía que un amante Padre celestial sabía donde yo estaba y lo que me estaba sucediendo. Estaba aprendiendo a mantenerme firme en las promesas a pesar de lo que sentía y lo que pasaba, y a pesar de la aparente situación. Él era mi Fuente para todo, y estaba aprendiendo cuán verdadero era eso, a pesar de toda la enfermedad.

Durante esos días malos, Dios comenzó a mostrarme ciertas verdades que con el tiempo resultarían en lo que llamo nuestro Sistema de Células de Hogar de la iglesia de Yoido, Seúl. Como no podía llevar a cabo mi ministerio normal diario tuve mucho tiempo para pensar, y comencé a meditar en la clase de ministerio que era prevalente en la iglesia primitiva. Observé muy bien que tenían un ministerio de casa en casa tanto como un ministerio en el templo. Partían el pan en los hogares y enseñaban la doctrina de los apóstoles. Luego todos se reunían en el templo para la adoración. Así que al leer y meditar en el concepto del ministerio de casa en casa, comprendí claramente que esa era la clase de ministerio que deseaban tener en nuestra iglesia.

Al estar confinado a un tiempo de descanso en cama, el Espíritu Santo me capacitó para organizar lo que ahora se conoce en nuestra iglesia como Células de Hogar. Preparé a los líderes laicos y los envié a las casas de nuestros hermanos para edificar el cuerpo de Jesucristo, lo cual fue el comienzo del éxito de mi ministerio. Al escribir esto tengo cincuenta mil líderes de células ocupados en la obra del Señor y ganando almas para Cristo. Mediante el esfuerzo y la labor de ellos estamos añadiendo a la iglesia un promedio de diez mil covertidos al mes.

Mi gran sufrimiento continuó desde 1964 hasta 1973 cuando fui a la isla de Yoido para empezar la tercera fase de mi ministerio. Me seguía molestando el agotamiento nervioso, y comenzaron también nuevos problemas con mala digestión e inflamación al intestino grueso. Un constante sentimiento de muerte me tenía atormentado. Parecía que mi cuerpo era una enciclopedia de enfermedades. La oración por los enfermos siempre formaba parte de nuestros cultos de adoración, y durante esa época el Señor sanó a muchas personas cuando oré por ellas. Pero yo no era sanado. Me veía obligado a buscar diariamente la sanidad Dios y a buscar las promesas de sanidad desde el Génesis hasta el Apocalipsis. Mientras iba buscando, hallé muchísimas promesas de Dios para la sanidad divina y la salud divina. Seguí aferrándome a la Palabra de Dios y continué confiando en el Señor para la sanidad divina y la completa liberación.

Me invitaron a unos cultos en Kunsán, Corea. Me parecía que no debía ir, pero el Espíritu Santo me obligó a hacerlo. Estaba tan débil durante el culto que apenas podía elevar mi voz a algo más que un susurro. Más tarde oí a algunas personas que decían: "Su mensaje es tan maravilloso que hay una quietud santa en los cultos." Luego el Espíritu Santo me habló: "Te das cuenta de que te he usado para bendecir muchas vidas aun cuando estabas enfermo. A pesar de tu debilidad física te estoy usando."

Comencé a sentir alivio de ese agotamiento nervioso después de diez años y, poco a poco, fui sanado. La sanidad de mi agotamiento nervioso fortaleció mi fe para que confiara en la sanidad de mi corazón, de modo que seguí pidiendo en oración una sanidad completa. Poco a poco Dios comenzó a sanar mi corazón hasta que fue restaurado por completo. Luego tomé valor para orar por mis hemorroides sangrantes y mis intestinos inflamados.

Era como si hubiera sido agobiado por la enfermedad durante la mayor parte de mi vida, y muchas veces me preguntaba si podría vivir un años más, o hasta un mes más.

Ya tengo cincuenta años de edad y Dios cada día me ha dado la fuerza necesaria para continuar mi ministerio. A pesar de las enfermedades y la debilidad que me han atormentado, mediante el poder de la resurrección de nuestro Señor Jesucristo he podido continuar mi ministerio. Ahora Dios me ha dado la iglesia más grande del mundo. Mediante el poder de su resurrección he podido hacer viajes continuos a Europa, a Asia, a los Estados Unidos y a América del Sur predicando el glorioso evangelio de nuestro Señor Jesucristo, ¡y proclamando que aunque uno sufre hay sanidad en el nombre de Cristo!

De vez en cuando recuerdo uno que otro incidente de esos días de pruebas, como cuando casi me desmayé en el aeropuerto de Tokio, o cuando pensaba que me estaba muriendo en un hotel de Londres, o cuando me bajó mucho el pulso en un hotel de California. En California estaba segurísimo de que me estaba muriendo; pero ¡me obligué a caer de la cama al piso a fin de conmover a mi cuerpo para que mi corazón volviera a latir normalmente!

En aviones, autos y hoteles tenía que luchar contra la muerte y Satanás, y si no hubiera conocido el poder de la sanidad y la gracia redentora del Señor Jesucristo, estoy seguro de que estaría muerto hace mucho tiempo. Resistí a Satanás y a la muerte, y reclamé el poder de la resurrección de Cristo. Me negué a aceptar los ataques de Satanás, a pesar de que eran muy evidentes.

En la actualidad, a pesar de que muchas veces me siento muy débil, soy muy fuerte en el Señor. No sólo creo en el gran poder de la sanidad, pero aún más creo en el poder sustentador del Cristo resucitado para mi cuerpo.

En lo referente al sufrimiento y la tolerancia de muchas diferentes pruebas, tenemos que disciplinarnos para mantener tenazmente la fe y la confianza en el amor de Dios cuando nuestra vida es sacudida por los vientos y las tormentas del sufrimiento. Sólo así ganaremos la victoria.

El amor nace de la confianza. Una confianza cimentada en el amor es viva y puede ejercer influencia. Dios ama tanto que de veras podemos confiar en Él. La Biblia dice: *Porque de tal manera amó Dios al mundo, que ha dado a su Hijo unigénito, para que todo aquel que en él cree, no se pierda, mas tenga vida eterna* (Juan 3:16).

Cristo padeció en la cruz por nuestros pecados, nuestras enfermedades, nuestra maldición, nuestra desesperanza y nuestra muerte. Cuando fue condenado a causa de todos los hombres, el juicio fue tan severo que la Biblia dice que hubo tinieblas en toda la tierra y que Cristo exclamó: *Dios mío, Dios mío, ¿por qué me has desamparado?* (Marcos 15:34). En ese momento llevó el castigo de los peores pecados y las peores enfermedades que jamás se conocerán.

Mediante el severo juicio de Dios, hemos recibido el perdón de nuestros pecados, así como la redención de las enfermedades, la maldición y la muerte, y hemos sido bendecidos abundantemente con la vida eterna y la inminente resurrección.

Mediante su expiación, se nos ha provisto la bendición de eterno gozo en el cielo. Dios nos ha transplantado del castigo eterno a la vida eterna. ¡Qué gran amor y qué gracia!

Mediante la muerte de su amado Hijo, Dios ha confirmado cuánto ama a los pecadores. *¿Quién nos separará del amor de Cristo? . . . Por lo cual estoy seguro de que ni la muerte, ni la vida, ni ángeles, ni principados, ni potestades, ni lo presente, ni lo por venir, ni lo alto, ni lo profundo, ni ninguna otra cosa creada nos podrá separar del amor de Dios, que es en Cristo Jesús Señor nuestro* (Romanos 8:35, 38-39).

A veces nuestras dificultades o sufrimientos nos

hacen dudar de la presencia de Dios. ¡Pero su Palabra declara que nada nos podrá separar del amor de Cristo! Podemos confiar plenamente en Él. *Si fuéremos infieles, él permanece fiel* (2 Timoteo 2:13).

Ya que el amor de Dios ha sido derramado en nuestro corazón (Romanos 5:5) y sabemos que nada nos separará jamás del amor de Cristo (excepto el pecado), podemos conquistar cualquier sufrimiento que nos acose. Sabemos que vivimos por encima del pecado, y que el pecado le abre las puertas a Satanás para que nos imponga la enfermedad y la alimente hasta que destruya y mate el cuerpo. Por lo tanto, viviremos cerca del Señor para que no nos ataque la enfermedad. No importa cuán intenso sea el sufrimiento, tenemos la confianza de que Dios hará que el sufrimiento obre para nuestro bien, según Romanos 8:28: *Y sabemos que a los que aman a Dios, todas las cosas les ayudan a bien, esto es, a los que conforme a su propósito son llamados.*

Aunque todo parezca desconsolador y hasta empeore el sufrimiento, Dios finalmente causará que todas las cosas resulten para bien, porque su Palabra lo dice. Tenemos que tener absoluta confianza en el todopoderoso Dios aun en los tiempos de sufrimiento, porque no hay fuerza mayor que el poder de Dios.

Si creemos en Jesucristo, si recibimos la plenitud del Espíritu Santo, si experimentamos el gran amor de Dios y si ponemos toda nuestra confianza en Él, no importa qué sufrimiento nos acose o atormente, no seremos sacudidos de un lado a otro más de lo que podamos soportar. Si usted únicamente busca la bendición de Dios en todo tiempo, antes de buscar su voluntad y su reino, su egotismo le fallará cuando el sufrimiento lo ataque. Si no tiene la plenitud del Espíritu Santo y sólo se está aferrando a las palabras de promesa de la Biblia como su única fuente de ayuda, su fe será conmovida cuando le sobrevenga el sufrimiento. Pero si tiene fe mediante la cruz de Jesucristo, absoluta confianza en el amor de Dios y la plenitud del Espíritu Santo, su fe sobrevivirá, aun en medio de cualquier tormenta. Desde el día que acepté al Señor Jesucristo como mi Salvador he experimentado que así es.

Si tenemos una fe fuerte, entonces nuestra fe es mayor que el sufrimiento, y el sufrimiento pierde su poder para desanimarnos. Una persona con esa clase de fe no mira al sufrimiento en sí, no importa cuán violento o fuerte sea el ataque, sino que fija su mirada en Dios, que prometió victoria sobre todo sufrimiento. Es mi oración que usted pueda experimentar el gran amor que Dios mostró en la cruz, y que ponga en práctica absoluta confianza en el Todopoderoso para que no sea presa de los ataques del sufrimiento.

Nadie desea sufrir. A ninguna persona le agrada el sufrimiento, porque interfiere con nuestros planes. Nos obliga a hacer un alto para evaluar nuestro estilo de vida y las cosas que valoramos, y muchas veces cambia la dirección de nuestra vida. Por lo general vemos cuán importantes o carentes de importancia han sido muchas de las elecciones que hemos hecho. Al mismo tiempo, nadie puede pasar por alto la cruda realidad de que todos enfrentamos sufrimientos en nuestra vida. El sufrimiento nos llega a todos. Tenemos que permitir que el sufrimiento se convierta en una bendición. Sí así lo hacemos, podemos esperar ser prosperados en el aspecto de nuestra vida que soportó el sufrimiento. Tendremos salud y seremos enriquecidos más que nunca. Amigo mío, cuando el sufrimiento llegue a su vida, no se sorprenda del fuego de la prueba, como si alguna cosa extraña le aconteciese (véase 1 Pedro 4:12). Nunca piense que es algo fuera de lo común. Acéptelo, sabiendo que de alguna manera, las pruebas de Dios en la vida de usted serán de bendición para otros y para gloria del Señor, así como en el caso de Job y el de José.

Sin embargo, tratándose de la enfermedad es diferente. Tenemos que examinar nuestro corazón y permitir que el Espíritu Santo nos revele en qué hemos desobedecido o pecado. Tenemos que confesar nuestros pecados para que Satanás no tenga ni siquiera un lugarcito que reclame como suyo y donde se sienta en casa, y desde donde pueda alimentar la enfermedad con su intención de matar y destruir.

Jesucristo es nuestro divino Sanador. Pero más que sólo nuestro divino Sanador es también nuestro divino Sustentador de la salud. Si usted tiene fe en Él, Jesucristo no sólo lo sanará pero también lo mantendrá con buena salud por el poder de su resurrección, como lo ha hecho en mi vida. Yo prediqué el mensaje de sanidad divina en primer lugar a mi propia persona, luego a otros. Mayormente oraba pidiendo mi propia sanidad primero, luego oraba por la sanidad de otros. Enseñé sobre la sanidad divina para que yo pudiera ser fortalecido en mi propia mente. Es raro que yo fuera lanzado a este ministerio de sanidad por mi propia experiencia, mi debilidad y mis enfermedades; aunque por esa razón puedo sentir una gran compasión por los enfermos. Mediante mi propia experiencia sé que vale la pena ser paciente cuando uno ora pidiendo la sanidad. Además, sé que debo persistir en la oración tanto por la sanidad divina como por la salud divina. Gracias a mis experiencias aprendí a conquistar la enfermedad y las dolencias, y también cómo recibir la sanidad y la salud divinas. Ya sea que se hable de mi gran ministerio de sanidad o no, nunca me retiraré. Sé que si no hubiera esperado con paciencia y si no hubiera dependido del poder de la resurrección de Jesucristo para recibir mi sanidad, ya estaría muerto. Ya que la enfermedad y la sanidad han sido tan gran parte de mi vida, seguiré predicando y proclamando el poder sustentador de la resurrección de Cristo hasta que Él vuelva.

Aunque veo el propósito de Dios mediante su obra en mi vida, también tengo que decir que tuve que tomar una decisión. Tenía que decidir si iba a enfocar mi atención en mi condición física y mis circunstancias desesperantes o si la enfocaría en las provisiones del Calvario por medio de la redención de Cristo. Decidí poner mi enfoque en la Palabra de Dios y lo que Cristo proveyó con su muerte en la cruz.

Fui sanado de mi enfermedad. El sufrimiento me llevó a un lugar de confianza y fe incondicional en Dios, ¡quien no puede fallar! Eso desarrolló una profunda sensibilidad y comprensión de su propósito eterno en mi vida para que pudiera vivir con Él en un plano más elevado en esta vida y ser de bendición para otros hasta el día de su venida.

Printed in the USA
CPSIA information can be obtained
at www.ICGtesting.com
LVHW031153230724
785408LV00013B/119

9 780829 720341